サバイバル登山家

服部 文祥

みすず書房

サバイバル登山家◇目次

序文　服部文祥とその登山　山野井泰史……6
序章　知床の穴……11

I　サバイバル登山まで

満ち足りた世代……25
野遊び　25
生きる実感　29
K2登頂　31
サバイバル登山の源流　33
肉屋……37

II　サバイバル登山

サバイバル始動……45
現地調達の山旅　45
空腹　54
三峰川の夜　59
サバイバル生活術……69
シンプルライフ　69
岩魚釣り　78
山菜　86
単独　92
日高全山ソロサバイバル……104
入山　104

方法論　112
台風襲来　123
北部縦走　130
中部溯下降　143
襟裳岬へ　155

Ⅲ　冬黒部

黒部とは……167
二一世紀豪雪……177
北薬師東稜　177
亀裂　185
逡巡　192
生還　200

三つの初登攀……………………………206
中尾根主稜　206
滝ノ谷　217
袖ノ稜　231
日高のあとの話、もしくはちょっと長いあとがき……245

写真説明　カバー表：サバイバル登山。岩魚を捌く
カバー裏：冬の黒部川十字峡を横断する
表紙：牛首尾根の朝。正面は剱岳
二四頁：カラコルム・K2（八六一一メートル）山頂
四四頁：サバイバル登山基本定食。岩魚燻製、ウド炒め、アザミの味噌汁
一六六頁：北薬師東稜の雪洞を出発する朝

序文　服部文祥とその登山

山野井泰史

　以前、ある友人と死に方を選ぶとしたら何がよいかなどと馬鹿げた会話をしたことがある。僕の頭に最初に浮かんだのは山のなかで不意に熊に襲われ、食い殺されることだ。それがいちばん幸せなような気がした。なぜそのようなことを思ったかというと、もしかしたら彼——服部文祥の一連の記録を、登山雑誌で読んでいたからかもしれない。

　その服部文祥を際だたせている第一の印象は、あのギラギラした目と強がりとも思える言動だろう。ときどきいっぷう変わった登山をしては、それを挑発的な文章にして雑誌に載せ、われわれを楽しませてくれる。

　だが他人への思いやり？も残っているようだ。ギャチュンカンで凍傷を負い、入院していた僕のもとへ、大きなザックを担ぎ現れた。中華鍋にコンロ、野菜などを病院内に運び入れ、僕の好物の炒飯を作るためにやって来てくれたのだ。あれは入院中でももっとも印象深い出来事だったし、実際、かなり美味しかった。

そんな優しい一面もあわせもつ彼ではあるが、深い森のなかでひとり虫に刺されながら寝るときの姿、あるいは生きて帰ることすら厳しい今にも雪崩が発生しそうな稜線を一歩一歩進むときの表情を、想像するのは難しい。僕を含め登山家を気どっている人間でも、美しいだけではすまない奥深い山に入ることには勇気がいる。ただ単純に恐怖心というひとつを考えても、彼のような真似はなかなかできないはずだ。

「生命体としてなまなましく生きたい」と書いている服部文祥は、「生きている」を実感するために彼独特の方法で山に向かい、そして経験していく。冬の知床の稜線では雪に押しつぶされそうになり、南アルプスの谷ではカエルやヘビを捕まえて食べ、日高山脈では濁流におびえ、黒部では悪天候のなか長期山行に耐えたりと、まるで実験するように登り、そして感じるのだ。

彼のいくつもの素晴らしい登山が、歴史の一ページを飾ることなく埋もれてしまうかもしれないと危ぶんでいたので、本書の刊行は歓迎すべきことだ。彼の本能むき出しのような行動のなかに、人が山に向かう理由とそのヒントが隠されている気がしてならない。ネオン輝く酒場で騒ぎ、ときにはジェット機で世界中を飛びまわる現代人ではあるが、この本を読むと、人間もあくまで動物の一員であるというあたりまえの真実を、思い知らされるにちがいない。

サバイバル登山家

序章　知床の穴

春期知床半島全山縦走　一九九三年三月二五～四月一二日

朝起きるとテントの中が妙に広く、低気圧はまだ来ていないようだった。入り口を開けて外を見ると、空はどんよりと曇っていて、半雪洞の周りには覚えのないゴミが不自然に散らばっていた。

それは乾燥米の袋だった。その横にはチョコの包装ビニールが落ちていた。寝ぼけたままで、手を伸ばすと、飴、カロリーメイト、もう一度チョコ。すべてなんだか見覚えのある食べ物のカスばかり。テントの横に立てていたはずのストックが少し離れたところに不自然に転がっていて、這い出して手に取ると、なぜかかじられた跡があった。何でこうなったのかよくわからなかったが、何が起こったのかはわかってきた。顔が熱くなるように頭に血が上ってきてテントに戻り、自分の食料と装備を確認した。乾燥米の袋と行動食の袋がなかった。

もう一度外を見て、またテントの中を見た。慌てて、靴も履かずにテントを飛び出すと雪面にはキツネの足跡が乱れていた。膝をつき、雪の上に散らばった乾燥米を手で集めてみた。雪と混ざっていてもう話にならなかった。

なんで？　と思いながら、テントの入り口を自分で開けたことを思いだし、テントを調べてみた。入り口の下に切り裂かれたような穴があった。

探していた理由がわかっても、にわかには信じがたい。キタキツネがテントを牙で裂き、眠っている僕の足元から食料を引きずり出したのだ。キツネはテントの前で乾燥米を試食したあと、一四日ぶんの行動食を袋ごと持ち去ったらしい。

これがこのあと一〇日ほど続く一連の大苦難の始まりだった。もしくは僕の登山人生がほんとうの意味で始まった瞬間だったと言ってもいい。


あたりに散らばっている乾燥米をもう一度集めようとして、馬鹿らしくなった。低気圧はすぐそこまで近づいている。残った食料で、この先につっこめるはずがない。それどころか、今いる危険地帯からさえ早く脱しなくてはならないだろう。今度こそ、ほんとうに下山する時がやって来たのだ。

地図を広げて、下山ルートを検討した。ルートは簡単だった。南西に戻って、冬期閉鎖中の凍《い》てついた知床横断道を降りればいい。

入山して七日目、羅臼《らうす》岳を越えて、ようやくゴールが見えはじめ、やる気が湧いてきた矢先のアクシデントだった。ここまでで、顔面凍傷になり、コンパスをなくし、スキーのシールが壊れていた。何か起こるたびに、もう下山しようと思いながら、ただなんとなくずるずると歩いてきた。なのに「これで終わりなんだ」と思うと、悔しさとむなしさが溢れてきた。出発前、僕の登山人生最後になるかもしれないと思っていた長期山行《さんこう》はキツネに食料を盗まれたために終わるのだ。しかも、自分が寝ていたテントの中から抜き取られたのである。

「ほんとうにこれが終わりなのか」とちらりと思った。

残された食料を並べて数え、岬までの地図を広げてみた。残った食料はモチ一キロと乾燥米一二袋、紅茶と砂糖、ヤッケのポケットに入れていた飴六個と、出発前に宿のおばさんにもらったカロリーメイト一箱だった。行程はあと最低八日、最大一四日。残りの行程とわずかな食料、軽くなった荷物、そしてこれまでの出来高。低気圧はすぐそこまで近づいている。もしほんとうに進むなら……、ほんとうに進むなら、どうやら、考えている時間すら僕には残っていない。

テントから出て、南の空を見た。濃淡のある高曇りの空が視界の奥まで続いて、黒い海との境目が消えていた。だが、まだ降り出す気配はない。

「よし」

テントを撤収し、パッキングしてザックを背負った。僕はスマートに登山を終わらせられると勘違いしていた。ダメなら途中で降りればいいと軽く考えていた。悪天も強風も装備の破壊も紛失も、凍傷もキツネもすべて山の要素だった。余裕をもったまま、冬の知床を歩き通せるわけなんかなかったのだ。僕は岬に向かって歩きはじめた。

ふと、自分の進んでいる方向がまったく逆なのではないかという思いに襲われ、顔がゆがんだ。それでも、知床連山を足早に過ぎ、ルサ乗越付近の樹林帯まで歩いた。テントを張り終えると同時に雨が降りはじめた。それから三日間、みぞれと雨が交互に降る天気が続いた。テントから一歩も出ずに、紅茶に入れたわずかな乾燥米だけで、ただ寝て過ごした。小便は乾燥米の袋にして外に捨て、大便は書き終わった天気図用紙を広げてその上にした。

四日目に雨がやんだ。テントの外に出て、体を伸ばすと、オホーツク側から太平洋側へ流れる雲が、ルサ乗越を龍のように抜けていた。本州を通過してきた冬の低気圧は、最後はオホーツク海にたどり着く。頭の上にある低気圧の行列はまだ終わっていなかったが、低気圧の合間に現れる疑似好天を利用して移動できそうだった。

三時間ほど歩き、風雪が強まってきたので、灌木の風下にテントを張った。

風はどんどん激しくなり、ときどき強風でテントのフレームが内側にひしゃげた。テントの内側から風上に体を押しつけ、天気図を取る。本州の南にあった南岸低気圧が台風並みに発達しながら太平洋を北上していると、気象通報を読み上げるアナウンサーが平然と告げた。二四時間後にはオホーツクに来るらしい。

知床半島で南岸低気圧の直撃。それは出発前、入念に調べた過去の遭難記録と同じシナリオだった。テントに入り込んでくる風で天気図用紙がばたつき、最後まで書くのがもどかしかった。それでも急いで丹念に天気図を書き上げた。風の音に邪魔されて、細かい数値を聞き間違った可能性が残っていた。だが、気圧配置に矛盾はなく、巨大な南岸低気圧はたしかに太平洋を発達しながら北上していた。僕は間違いなく最悪のシナリオのなかにすっぽりとはまり込んでいた。

ぞわぞわっと頭に血が上ってくる。一瞬風がやみ、心臓がどくどく鳴っていた。いちばんやばい状況で、いちばん居てはいけない場所に、自分がいる。「ゴッ」とふたたび風がテントを揺らし、静

知床岬
4/11
赤岩
カブト岩
念仏岩
ウィーヌプリ
652
知床沼
1254
4/10
知床岳
相泊
4/5〜9
ルサ乗越
トッカリムイ岳
561
4/1〜4
849
ルシャ山
硫黄山
1563
知円別岳
南岳
1463
オッカバケ岳
サシルイ岳
1564
3/31
サシルイ川
羅臼岳
1660
知床峠
3/30
羅臼
知西別岳
1317
オンネベツ川
遠音別岳
1331
知西別川
3/28·29
ラサヌプリ
1020
3/26
3/27
峰浜
3/25
植別川
海別岳
1419
0 1 5km
N

寂が破られた。腹に力を入れて小さくなる。テントの中で手に持つ天気図がはためいた。できることならこのままテントの中にいたかった。すでに身にまとっている衣類で乾いているものはなにひとつなく、もうこれ以上雪まみれにはなりたくない。

もう一度、過去の遭難事件を思い起こした。

やっぱりここで夜を明かすことはできそうにない。ここにいたら潰《つぶ》される。今こそ正確な判断をしないと死んでしまう。そう思うのだが、「潰される」という言葉だけが頭のなかを飛び交い、ものがうまく考えられなかった。

意を決してテントを出ると、大粒の雪がばちばちと僕を叩き、ヘッドランプの光の輪のなかを真横に抜けていった。

フレームを抜いてテントを潰し、ずるずる引きずって下った。窪地を見つけ、雪洞を掘る。ヤッケも手袋も凍りついてごわごわだった。何もしないでいるのが怖くて、動きつづけた。首から提げていた時計がなくなっていた。粉雪がつぎからつぎへと吹き込んで雪洞はなかなか掘り進まなかった。二時間がんばって、なんとかテントが半分入るくらい掘り、テントをつっこんで、僕もなかに転がり込んだ。だが、これがいけなかった。

半雪洞とテントの間に粉雪が入り込み、見る見るテントを埋めていった。三〇分ごとに雪かきに出たが、降雪のほうがはるかに速い。半泣きになりながらスコップを振りまわし、テントに傷をつけてしまった。いったい今が夜中の何時なのかわからなくなり、雪まみれでテントの中に座って、ぼーっとしていると、入り口の半分くらいまで雪が積もっていた。入り口の上だけ開けて手を出し、なんとか出入り口付近の雪をどかして外に出て、また除雪した。

この瞬間を必死で生きぬいた先にようやくつぎの瞬間がやってくる。時間とは連続したものではなく、細かく分割された一つ一つの静止画が、零コンマ数秒ごとに積み重ねられていくようだった。呼吸の一回一回が意識され、数分後のことさえうまく予想できなくなっていった。

「こりゃ、死ぬかもしれないな」と本気で考えた。

財布をポケットに入れ、靴ヒモを締めなおした。手帳にこの状況と謝罪文のようなものを書いた。鉛筆が震えているのは寒さのためばかりではなかった。

窪地には雪がどんどん溜まり、テントの入り口を中心に蟻地獄のようになっていた。夜が明けても一時間ごとに除雪していたが、雪と寒気に少しずつ気力がはぎ取られ、だんだんどうでもよくなっていった。低気圧の勢力のほうが僕の能力や意志より断然強く、僕は一人の登山者からデクの坊への坂道を転がりはじめていた。

雪のブロックを切り出してテントの前に積んだ。そのままテントに入って、靴を履いたまま湿ったシュラフにもぐり込んでしまった。吹雪の音が遠くに聞こえ、隙間だらけのブロックからさらさらの粉雪が進入し、テントを潰しながら、光を奪っていった。

少し眠ったらしい。目の前一〇センチのところにテントの生地があった。ポールはひしゃげ、身動きはとれない。かぎりなく生き埋めに近い状態になっていた。ただ、テントへの雪の加圧は止まったようだった。すでに二四時間ほど何も食べていなかったが、食欲はなかった。体を少しずつ揺り動かして雪を押すと、手だけがなんとか動いた。時間をかけて顔の前に手をもってきて、テントの中から雪を押すと、たまたま顔の横に置いていたラジオを摑むことができた。

三八豪雪以来の大雪が北海道東部を襲っているとラジオが告げていた。麻痺した交通や大雪の被害がラジオから聞こえ、僕はこの悪天がただの悪天ではなかったことで、なんだか少し救われたような気がした。

ラジオから流れる歌に合わせて歌ってみた。自分の声を聞くのも久しぶりだ。だが、歌声は雪に吸い込まれて響かない。電波の向こうにあるラジオ局のスタジオは明るい笑い声と平和な話題に溢れていた。おそらく暖房もがんがんに効いているのだろう。こっちは濡れものに幾重にも包まれて雪の中に埋まっていた。僕とスタジオの関係はあまりにかけ離れていて苦しかった。だが、ラジオを消すことはできなかった。無音の暗闇よりは、スピーカーを通したものでも人の声がするほうがまだましだった。

ふたたび眠って目が覚めると、僕の体温でテントの中がいくらか広くなっていた。なんとか、身動きができる程度にさらにテントの内側から雪を押して、久しぶりに体勢を入れ替えた。苦しい姿勢でテントの入り口をあけてみると、雪はそれほど堅くなく、ブロックの間から入り込んだ雪には隙間があった。そこに手を入れて押すとさらに空間は広がった。あいかわらず何も食べていなかったが、食べたいとも思わなかった。

また夜が来て、朝が来た。テントの中に入れていたストックで雪の壁に穴をあけると、外は明るいようだった。なんとか雪の隙間に入り込み、壁に穴を開け、外に抜け出した。どんより曇っている世界がまぶしく、高曇りの空に押し込まれた目玉が痛い。僕は生きていた。しかもまあまあ元気だった。

雪の中からすべての装備を掘りだして、テントを立てなおした。つぎの日も雪だった。この八日間で動いたのは三時間だけ。もしこの状況を克服でき、天気が回復したら、絶対下山すると穴の中で決めていた。なのに穴から抜け出ても、下山のための行動をはじめようという気は起きなかった。

三日間の「穴」体験で、僕の何かが変わってしまったようだった。手が細かく震えるような死の恐怖と、生きる努力と、あきらめと、幸運。ちょっと悪天に叩かれたとか、判断を失敗して痛い目にあったとか、そんなレベルの体験ではなかった。僕のなかで重要な歯車がカタンカタンと二つくらい回った感じがした。それはおそらくここにいて、この時間を経なければ感じることができないような絶対的な経験だったのだと思う。

もう逃げ出したいと思わなかった。ここまで来たら、この先を見てみたいと僕は思っていた。

悪天は続いていたが、翌日出発し、二日歩いて知床岬に着いた。

喜びはなかった。打ち上げられた昆布と海辺に生息する小さなウニを無心で食べた。靴擦れが化膿してリンパ腺が腫れ、発熱して震えていた。

翌日、人里をめざし、海岸線を歩きはじめた。スキーをザックにくくりつけた僕の出現にエゾシカが驚いて崖から転落した。滑落現場を見に行ったときにはまだ生きていた。助けようとする僕をおそれて、前足だけでなんとか逃げようとするので、僕は近づくことができず、かといって離れることもできなかった。腰骨の骨折と内臓破裂といったところだろうか。やがてぐったりして、目から光が消えた。大きな哺乳類の目から命の輝きが消える瞬間をはじめて見た。自分の数時間後を見るような気がして、僕は鹿の前にたたずんでいた。

鹿を食べようという気は起きず、そのままにして歩き出した。振り返るともうカラスが集まって騒ぎはじめていた。僕の前にはまだ、知床半島の太平洋側海岸の難所、念仏岩などのトラバースが待っていた。

そのとき沖から小さな漁船が近づいてきた。

「なにしてんだ、兄ちゃん」と船の上の漁師が叫んだ。一九日ぶりに会う人間だ。

「登山でーす」

「乗るかぁ」

流氷の上を漁船まで走った。

「たまたま、ウニの発育状態を見に来たんだ」と漁師はいった。「今の季節は誰も漁に出ないから、兄ちゃんはついてるよ」

すぐにエンジンがうなりを上げ、風が頬を流れた。僕の感傷など気にせず、あっという間に舟は知床半島から離れていった。僕は心のなかでただ、あぁとつぶやくしかなかった。忘れ物を探すかのように船べりに摑まって海岸線を眺めつづけた。

「どこから来たんだい」

「東京です」

「そうじゃなくてさ、山に入ったのさ」

「あ、海別です」

「うなべつぅ？　うそこけぇ、あんなところから一人で来られるわけないべ」

僕は答えようがなかった。

「じゃあ、大雪の時はどこにいたんさ」

「ええと、ルサ乗越のちかくに」

漁師はしばし黙っていた。そして僕をじっと見て「今日で何日なの」と静かに聞いた。

「二〇日、いや、一九日目かな」と僕は答えた。

漁師のおじさんは何も言わずに海を眺めていた。波にぶつかるたびに舟は大きく跳ねた。僕は舟に摑まって、歩くはずだった知床半島の海岸線をただ眺めていた。

舟はスピードを落とし、羅臼の小さな漁港に入っていった。緩いスロープになったところに乗り上げると、おじさんは走って街に消えてしまった。

ザックとスキーを舟から降ろしていると、おじさんがぞろぞろと仲間を連れてきて、僕のザックを取り上げ、車に積み込み、僕も車に押し込んで、何も言わずに安くて料理が旨い民宿に連れて行った。

I　サバイバル登山まで

満ち足りた世代

野遊び

気がついたら普通だった。それが僕らの世代の思春期の漠然として重大な悩みである。おいしい食べ物や暖かい布団があり、平和で清潔だった。そして僕らはいてもいなくてもかまわなかった。横浜の公団団地が故郷である。生まれてから一浪して大学に入るまで、そこで暮らした。子供の頃、周りは新興住宅が雑木林をなまなましく食い荒らしていく真っ最中だった。僕らの遊び場は整備された公園と工事現場とその隙間にしぶとく残る田圃や雑木林や小川だった。都会でもなければ、田舎でもなく、高層団地のエレベーターで鬼ごっこをやったかと思えば、肥え溜めに小石を投げいれたりした。時代は公害が全盛期で、大きな川とは白いあぶくをゆっくり河口に運ぶものだと思っていた。

幼稚園児だった頃のとぼしい記憶のひとつに、野犬の群れが園内に入ってきて、僕らを追いかけまわしたというものがある。一〇頭ほどの群れは、園児よりはるかに大きなボス犬に率いられ、園庭を駆けまわった。泣き叫びながら逃げまどう子供と箒をもって闘う保母さんが、僕の脳裏には動画としてリアルに焼きついている。今なら新聞に載りかねないちょっとした事件だが、当時は笑い話にしかならなかった。

小学生時代、人生の中心は虫捕りとザリガニ捕りだった。多くの子供が釣りイトをたれ、石を投げ、ときには泳ぐ沼で、フナやクチボソを釣った。自然が豊かでもなく、かといって乏しくもない新興住宅地は、第二次ベビーブームのまっただなかということもあって、子供の人口密度が極端に高く、何をするにせよ、技術を磨き、知識を増やし、研究を重ねなければ成果を得ることはできなかった。

夏は、まだ薄暗い朝の四時から雑木林を巡回するのが日課だった。梅雨のあいだに樹液の出そうなクヌギを観察して、その年のルートを決めた。家のベランダには八百屋からもらってきた漬け物の樽があり、そのなかでカブトムシとノコギリクワガタがうごめいていた。どこでだれがどのくらいの大きさの何を捕ったのかという情報は、子供コミュニティーにすぐ広がった。数いる昆虫少年にはそれぞれの得意な森があり、よそ者の侵入は見つかるにしろ、見つけるにしろ喧嘩になった。

球技が好きな者もいて、そいつらは虫・ザリガニにはあまり興味を示さなかった。純粋スポーツ系とワイルドアウトドア系はクラスのなかでも勢力を二分していた。クラス対抗野球のときはスポーツ系がエースで4番、球を取りこぼす野遊び軍団を怒鳴り散らし、小川に行けば笊《ざる》の使い方も知らないリトルリーグのエースをワイルド系があざ笑った。

肉体の純粋能力を競う運動会やマラソン大会は、球技と野遊びの中間にあたり、ワイルド系とスポーツ系がそのプライドをかけてぶつかりあう場だった。虫捕り仲間にはオタク系学者肌の者も少なくなかったので、この勝負ははじめから分が悪かった。それでもワイルド系の代表はかならず上位に食い込み、作為的なスポーツではなく、大自然の負荷で鍛え上げた肉体の強さを証明した。

中学校に入ると周りの友だちがどんどん大きくなるのに、僕の背は伸びなかった。小学校では負けなしだった駆けっこで勝てなくなった。目が悪くなり眼鏡をかけた。虫捕りがうまくてガキ大将だった小学生は、不良たちと目を合わせないようにして、部活と勉強を続けるチビな中学生になっていった。

母親にいわれるがままに勉強し、成績は悪くなかったが一番ではなかった。所属していたハンドボール部は弱くはなかったが強くもなかった。中学一年生の夏に一回だけ虫捕りに行った。世のなかの子供たちはインベーダーからファミコンに移行するのに忙しく、森には誰もいなかった。ごっそり捕れてしまったカブトムシが悲しく、その場で全部逃がした。小学校のころ仲がよくて大好きだった女の子とは、中学校の三年間で一度も同じクラスになれなかった。

人生に歯車みたいなものがあるなら、どこかはぎしぎしと窮屈で、べつのところは空回りしていた。だが、それがどこでなぜなのかは見当もつかなかった。思い返せばどこにでもある典型的な思春期の初期症状だが、今でも僕は笑えない。どちらかというと泣きたくなる。

県内でいちばん古いということだけが自慢の高校は、大学に混ざって学園紛争を経験しており、学生の自治範囲が広かった。そこには暴力で人を威圧して自分を表現するようなシンプルな馬鹿はいなかった。クラスメイトはもうちょっと複雑な馬鹿と勉強に精を出してきた秀才君で構成されていた。

さみしい中学時代に沈黙していた僕の遺伝子はふたたび目を覚ましたようだった。背が伸びはじめ、声が低くなった。子供のころ自信のあった短距離は上の下くらいだったが、長距離は走るたびに速くなっていった。みんながあんまり持っていないギアが自分の体に内蔵されているのを僕は意識しはじめていた。

とはいっても僕は銀縁の眼鏡をかけたハンドボール部員だった。本多勝一のルポルタージュと岩波文庫と少年ジャンプをすべて本気で読んでいた。漫画オタクなうえに、ミリタリーオタクでもあり、ときどき雑木林を懐かしく歩きまわることがやめられず、オリジナルソングをかけた釣り具屋に出入りし、部活の合間にフナを釣った。自分に自信がもてず、人の目を正面から見据えることができない、ようするに「垢抜けてない側」に属する高校生だった。

生きるということに関してなにひとつ足りないものがない時代に生まれ育ってきた。それが僕らの世代共通の漠然とした不安である。老人たちは決まってそのことを贅沢な悩みだという。だが、生きることに必死になれたり、反抗する甲斐のあるものをもっていたりするほうが、生きている充実感を味わうのは簡単だ。僕らは自分で奪ってくるものをなにひとつもっていない。なにひとつ欠けていないという欠落感を人権だ個性だという自意識教育が煽《あお》り立たる。環境が満ち足りているのに、何もできないというのは恐ろしい。それはダイレクトに無能を証明するからだ。少なくとも旧《ふる》い世代が思うほど僕らの世代は楽じゃない、と僕は思う。

中学、高校とつづけたハンドボールにはその先もつづけるほどの才能を見いだすことはできなかった。野遊びと心肺機能が僕の持ち駒のようだった。そして僕は、苦労して入った大学でふたたび野遊びの世界に戻っていった。

しごきのイメージが先行した大学山岳部は当時すでに活動停止状態。ワンダーフォーゲル部の先輩はヒマラヤの高峰に憧れているわかりやすい新入生に「ヒマラヤでもウラヤマでも登らせてやる」と言った。だが、実際に登れたのはウラヤマのほうだけだった。夏合宿は東北の藪尾根を一週間漕ぎつづけるという、おそろしくハードなのに自分たち以外にはほとんど評価されない登山だった。

数年に一度、海外遠征が出る私立大学山岳部に嫉妬した。僕と同い年の連中がヒマラヤに触って帰ってきて、日焼けした真っ黒な顔で雑誌に出ていた。海外モノに無条件に権威を感じていた僕が、東北の藪のなかでモソモソうごめくことに誇りを感じられるようになるのは、まだまだ先の話だった。

生きる実感

一年生の秋、僕は一人の先輩と北アルプスの北鎌尾根に向かった。

北鎌尾根とは、北アルプス槍ケ岳の北に長くのびる岩稜である。加藤文《ぶん》太郎、松濤《まつなみ》明と日本登山史を作ってきた登山家が命を落とした舞台であり、壮絶な遭難手記でも有名だ。僕らはそんな北鎌尾根に憧れていた。アプローチは遠く、尾根そのものに道はなく、夏は本格的なバリエーション登山の入門であり、冬は一級の登山対象になる。

一緒に行った先輩は、先輩といっても同い年の一九歳だった。一年生と二年生で北鎌尾根に山行《さんこう》を出す能力はクラブになく、僕らは部に隠れて出発した。

一九八九年の体育の日、北アルプスに大雪が降り、後立山で中高年登山者が複数遭難死した。それは今でも、秋山を襲った吹雪の典型として遭難史上に記録されている。

その吹雪の前日、山は快晴で静かに澄んでいた。僕らは高瀬川沿いのアプローチを歩いていた。粘りけのない秋の空気が鼻や頬を冷やしていたが、僕らの内面はギラギラと煮たっていた。

入山二日目、尾根に取りついて半日、雪は軽く静かに落ちてきた。白い氷の結晶は赤や黄色に色づいた葉の上を転がって落ちていき、その美しい風景に僕はただ見とれていた。それは人工物のまったくないところで体験するはじめての雪だった。

雪はしだいに強くなり、みるみる吹雪に変わっていった。冬山の装備はない。エントラントの雨具を着て、炊事用の軍手をはめたが、手袋は難所を抜けるために外さなければならなかった。岩を掴む指に感覚はなく、雪を払い、冷たい岩を掴んでも、見ている光景と同じ感触が手に伝わってくるのに数秒かかった。

大粒の雪が白い斜めの線を描き、世界を埋め尽くしていった。

生き残るための選択肢をかき集め、その長所短所を分析し、先輩と話し合った。そこには自分自身の生きようとする意志があった。それは目に写るすべてのものを鮮やかにしてゆくような、人生の覚醒だった。

生きようとする自分を経験すること、僕の登山のオリジナルは今でもそこにある。僕は自分の内側から出てくる意志や感情を求めていた。厳しい現実がつぎからつぎへと降りかかってくるような窮地や、思いもよらなかった美しいものを目にしたときに自分が何を感じるのかを知りたかった。絶対的な経験の先にある感情の起伏にこそ、心を物理的に動かしてゆく力がある。

山には逃れようのない厳しさがあった。そこには死の匂いが漂っていた。だからこそ、そこには絶対的な感情がある気がした。

翌日、雪はやみ、僕らは槍ケ岳のピークに立った。計画に入っていた前穂高岳北尾根と奥穂高岳から西穂高岳への縦走は、積もった新雪を理由に中止した。それでも気持ちは晴れ晴れとしていた。上高地への道すがら僕は、ここでなら自分にしかできないことが何かできるかもしれない、ここでもっと強くなりたいと思っていた。

K2登頂

大学四年の夏にシルクロードを陸路で旅し、その冬に登山生活の集大成として知床に行った。五年かけてようやく大学を卒業しようとしても、僕は自分が社会人として働く姿をイメージすることができなかった。

せっかくここまで打ち込んだ山登りで一旗あげたいと、どこかで自分に期待していた。ラインホルト・メスナーや山野井泰史のようになるには、と本気でシミュレーションしたこともある。定職に就かずに登山に打ち込んで、メスナーや山野井さんのようになるのに、どのくらいの困難を生きぬかなくてはならないのだろうか。生き残れる確率はどのくらいあるのだろうかと考えてみた。とりあえず五年活動して、生き残れる確率は五割くらいだろうと踏んだ。五年後の生存確率が五〇パーセントといわれたら、普通の人々はどう思うのだろう。

死ぬのも怖かったが、僕の場合は、定職に就かないという生活で、知人や親戚から向けられるだろう冷たい視線も耐えがたかった。僕はかなり見栄っ張りで世間体にも弱かったのだ。卑屈な精神は社会的な評価もつねに気にしていた。祖母が想像のなかで、大学を出てもふらふらしている僕の状況を聞いて悲しんでいた。親兄弟ではなく、人生でトータル二〇〇時間ほどしかともに過ごしたことがない祖母をなんで悲しませたくないなどと思うのか、自分でも不思議だったが、そういうときは自分の近くにいるもっとも無邪気な人が社会の代表として脳裏に浮かぶのかもしれない。もしくは僕が想像する冷たい視線は、僕が自分自身に向ける視線そのものだったのかもしれない。

逃げ道を探して結局、小さな山岳関係の出版社に社長の慈悲で就職させてもらい、書籍の営業をしながら、山登りをつづけていた。人並みの体裁をつくろいながら「俺もいつかは」とくすぶりつづけるのが僕の限界だった。

自分なりに納得できるレベルになるまでに半分が死ぬ（と僕が想像する）ような世界では無理もない。若い人が山登りから遠ざかるのもわかる。ここにはロマンはあっても、夢が少なすぎる。

社会人になって、夏休みはヨーロッパアルプスに行ったり、手っとりばやく登山経歴になるフリーソロクライミングなどをしていた。三年後、はた目にもくすぶっている僕を見かねた知人の紹介で、運よく日本山岳会青年部のＫ２の遠征に参加することができた。Ｋ２の山頂を踏めたのは、大きな転機だったといっていい。

経験したことがないような大きな集団の遠征隊はいろいろ大変な面もあった。ごたごたの元凶は、親しみと確執がごちゃ混ぜになった隊長との人間関係だった。帰りのキャラバンでも仲違《たが》いは悪化する一方で、どういう経緯だったかは忘れたが、隊長が捨てぜりふのように言った「良きにつけ悪しきにつけおまえの登山人生にK2の登頂者というのはついてまわる」という言葉は、思いかえすとかなり的を射た予言だった。

僕はK2の山頂を踏んだことで、登山のヒエラルキーのようなものから解放された。縦走よりも沢登りが偉く、沢登りよりも岩登りが偉く、日本よりもヨーロッパアルプスが偉く、ヨーロッパアルプスよりもヒマラヤが偉いというあの階級制度である。当時は今よりそんな思想が強く横行していて、僕も少なからずその思想に侵されていたのだ。

褒められた登山内容ではなかったし、僕が企画したものではないという意味で、K2の遠征はどこまでも自分の登山とは言いがたいが、K2サミッターという肩書きは、水戸黄門の印籠のように都合のいいものだった。ともかくK2の山頂を踏んだことで、僕は登山ヒエラルキーの呪縛から逃れることができた。見栄に登山が左右されることも少なくなって、肩の力がぬけていった。自由になった僕は、今度はフリークライミングができなくてはダメだ、という時勢に流されて、小川山に通い出した。

サバイバル登山の源流

衣食住のできるかぎりを山の恵みでまかなう登山を「サバイバル登山」と呼んでいる。そんな登山に僕を導いたのがじつはフリークライミングであるというと、ほとんどの人がはてな？という顔をする。

自分の手と足だけで岩に登ること、それがフリークライミングである。行為としては単純だ。だが、そこには単純な見た目以上に美しくかつスピリチュアルな思想が隠されている。

フリークライミングが注目されだしたのは、人工登攀の全盛期のことだった。人工登攀とは、岩登りの難しい部分にハーケンやボルトなどの人工器具を打ち込んで、それを手がかり足がかりに登っていくことをいう。

人類は環境に対していままでもかなり勝手なことをやっているが、登山が地理的探検として人類史的な意味合いを強くもっていた時代はもっと強引で、とにかく山頂に立てば、何をやってもかまわなかった。かつてヒマラヤの高峰登山は、現在の宇宙開拓のように国の事業として科学技術の粋を集めなければなしえない、人類の課題だったからである。

登れないところは、適当に加工して登ってしまえばいい。岩場にハーケンを打ち込んで、それを足がかりにしても、それらは偉大な登山だった。装備は貧弱で、人工登攀の支点となるものも拙《つたな》く、設置するのにも技術や能力が必要だった。そうやって多くの山や岩が登られてきた。

便利で誰にでも簡単に使えるものがよい道具である。道具の発展は人間を平等にする。人工登攀が発展し、たくさんの岩場が人工物に埋め尽くされていくようになって、登山も平均的になっていった。道具（とやる気）さえあればどこでも登れるようになったのだ。それは山を低く小さくすることだった。

そんななか、登るとは何かを深く純粋に考える人たちがいた。考えを行動に移したとき彼らがしたのは、道具をひとつひとつ体から外していくことだった。自分の肉体と山との間に挾まっている物を取り除いていくことで、登らされている部分を排除し、人はもう一度、登るという行為に近づいていった。

結果よりもフェアであることを求めること。それはかなり重要な思想の転換だったと僕は考えている。人は結果より質を求めはじめたのである。そこにはより深い何かがあった。登山というルールのない世界で、自分を律すること。それは自分自身に強い意志をもってチャレンジすることだった。

この思想はアメリカで注目され育ったものだ。国の好き嫌いはともかく、アメリカ人特有のチャレンジ精神から生まれた「フェア思想」は賞賛に値する。フリークライミングだけでなく、フェアスキーともいえるテレマークスキー、フェアフィッシングともいえるフライフィッシング、フェアハンティングともいえるボウハンティング（現代弓矢による狩猟）はすべてアメリカ人が発展させてきたと言っていい。あえて原始的であったり、難しかったりする方法を取ることで、その行為に占める自分の能力の割合を増やすことが、より深い経験につながっているということを、彼らはなぜかよく知っていた。

岩と自分の間に挾まっているものを最小限にとどめようという姿勢にクライマーとしての美しさがあり、自分の力で登ることにこだわるからこそ、かぎりない自由がある。フリークライミングとはたんなるスポーツではない。世界にどう向き合うかという思想でもある。道具と人間のどちらがボスなのかわからないこの世界で、もう一度まっさらな自分を取り戻す。登る行為者が背負い込むべきことを放棄しては登ったことにならないのだ。

それは、酸素ボンベと固定ロープを使って登ったK２大遠征とはかけ離れたものだった。僕は小川山のフリークライミングルートを登ることで、一センチ、一ミリを自分の能力で稼いでいくということを体感した。それはまさに登ることそのものだった。

頭でわかるのと、体で感じるのは違う。だがそれは体感してみたあとでないとわからない。自分の力で登るということを、僕は小川山でビンビン体感して理解した。そして「これだよ、これ」と心のなかで叫んでいた。

フリークライミング思想を、登山そのものに応用したいと思った。世界水準のアルパインクライミングはすでにフリークライミング思想を取り入れて、壁なり高所なりをシンプルに登っていた。なんでもありで山頂を足もとにしてきた人類は、よりフェアな態度で自然と向き合うという方向に転換している。

そして僕は、日本の大きな山塊を歩くのに、できるかぎり道具や他人の干渉を排して、自分の力だけでやってみたいと考えはじめた。

そうして僕はほとんど何も持たずに南アルプスの大井川源流に向かったのである。食料を現地調達し、焚き火をおこし、沢を溯り、藪を漕いで、頂へ。それがサバイバル登山と呼んでいる山登りである。

肉屋

パキスタン　フンザ　一九九三年九月二日

宿のオヤジに言われた坂道を上っていくと、すでにフンザの人々が肉屋が来るのを待っていた。パキスタン北部の山岳地帯でのことである。広場というよりは、坂の途中にある踊り場のようなところで、周辺の細い道と同様に、そこも土が焦げ茶色になるまで踏み固められていた。

「肉屋はここか」と僕は集まっている人たちに聞いた。

彼らは小さく首を傾げ、大人と一緒に集まっていた子供たちが興味深そうに僕を見上げた。

この地では、カクンと首を傾げるのが、肯定や了解を示す合図である。この地域の人々はほとんど不必要なことを口にしない。王国の名残りがあるこの地は、いまでも日本人には想像できないような階級制度のなかにある。ここに集まっている人々もその立ち振る舞いから、どこかに仕える使用人だろうと思われた。

その男は、僕が来たのとは逆側の坂道を上ってきた。僕の横に静かに立っていた若者が、来たよ、と言わんばかりに、その男のほうをアゴで指した。背筋を伸ばしたままゆっくりやってくる男は、民族衣装である前掛けがついたぶかぶかのシャツを着て背が高かった。パキスタンの山奥で僕より背の高い男は珍しい。すらりとやせ、茶色に光る薄い皮膚の下に必要なぶんだけの柔らかそうな筋肉が浮いていた。大自然に近いところで生きる人々の例に漏れない、美しい姿だった。

男の手には麻ひもが握られていた。その麻ひもは一頭の若い牛につながり、牛はだるそうに首を上下させながら彼の後ろをゆっくり歩いていた。

肉屋というので、かなりなまなましいものが見られるだろうと予想はしてはいたものの、生きた牛を連れてくるというのは僕の想像をはるかに超えていた。

広場に来た肉屋の男は、客のなかに外国人が混じっているのを見て、にっこりと笑った。口が横に伸びてその両端が気持ちよく反り上がり、黒いほっぺを持ち上げている。日焼けした顔にきれいな曲線のしわが刻まれ、唇の間から真っ白な歯が少しだけ見えた。薄く閉じられた目も微妙な弧を描いていた。僕が知っているなかでもかなり魅力的なほうに分類される完璧な笑顔だった。

「これが肉か」と僕は大げさなゼスチャーで、牛を指さした。

男はゆっくり首を傾げて、ひもを少し引っ張った。それまで従順だった牛が、はじめて前足を突っ張るようにして抗《あらが》うそぶりをみせた。

どうやら広場の外れにある古い切り株が彼の目標のようだった。儀式とか客との挨拶などは何もなく、男はただ真っすぐに切り株に向かって歩いていった。

首に結ばれた縄を引っ張られた牛は、口から数珠玉のようなよだれを垂らしながら、真っ黒な目をむいて僕の前をゆっくり引かれていった。

この先起こりそうなことは予想できた。予想はできたが、意識の奥のほうが先のことを考えるのを拒んでいた。呼吸をしても肺に空気が入っている気がしなかった。

牛も先のことをあえて深く考えないようにしているようだった。抵抗はしているものの、本気で嫌がっているようには見えなかった。本気で嫌がれば、男より大きな牛は男を引きずったまま走っていくことだってできたはずだ。

牛を切り株のところまで引っ張っていった男は、地面に転がっていた一五センチくらいの石を手に持った。そして牛の頭を切り株の上にのせ、僕が「え？」と思ったときには、腕を振り上げ、勢いよく振り下ろしていた。

僕は反射的に視線を牛と男から外してしまった。

ゴチという音が、かるい地響きをともなって体に入り込んできた。

ゆっくりと視線を戻していった。牛は口から舌をだらりと出して、ぴんと伸ばした足を痙攣させていた。男は僕を見て、またにっこりと笑った。

肉屋の男は布に包まれていた刃物を取り出し、牛の頸動脈を切った。ナイフや包丁ではなく、鉄板を鍛えて研いだだけの無骨な刃物だった。まだ少し足をばたばたさせている牛から、血が重力に引かれるようにゆっくり流れ出し、地面に染みこみながら小さな赤い川を作っていった。流血と痙攣が一段落すると、男は腹と四肢の皮だけにナイフを入れ、少しずつ皮を剝いだ。すべて剝がさず、背中のあたりは肉につけたまま広げて、今度は刃を空に向けて腹を割いた。刃物がすっと薄い肉を切り割くと、なかから内臓が皮の上に溢れ出してきた。どうやら皮がシートの代わりをするらしかった。

男は肉と内臓を手際よく解体しながら並べていった。皮を剝がれて内臓を出されてもまだ、牛の筋肉はぴくぴくと痙攣していた。ハエが肉にまとわりつき、数匹のアシナガバチが肉を牙で嚙み切って丸めていた。村の子供たちが牛の顔を覗き込んでいた。男はハエとハチを手で払いながら、解体作業をだまって続け、客も黙ってそれを見ていた。

僕が登って来た坂から一人のおばさんが上がってきて、うさんくさそうに鋭く何か言った。牛と肉屋を囲んでいた人垣がおばさんの前だけ開き、おばさんは肉屋に命令口調で短く何か言った。血みどろの手に刃物を持った肉屋は奇妙なものでも見たかのようにすこしたたずんでいたが、すぐに、首をかくんと傾げるしぐさをした。

そのおばさんはおそらく位の高い家の召使いで、ここに肉屋が立つときにはいつも、牛の最高級部所を買いつけているのだろう。

これを機に集まっていた人たちも、つぎつぎに肉屋に声をかけはじめた。肉屋は解体を続けながら、皮の上に肉の塊を並べ、競り卸のような販売も同時にこなしていった。血まみれの手で代金を受け取り、ポケットからおつりを出して渡す。買い手は肉の塊を持っていた容器に入れて立ち去っていった。ほとんどが手を汚すことを嫌って、肉を容器に入れてくれと居丈高に肉屋に言った。肉屋は目つきにだけ面倒くさそうな色を見せて、プラスチックパックや鍋に血みどろの肉塊を押し込んだ。

解体と販売が佳境を迎えたころ、宿のオヤジが面倒くさそうに坂を上がってくるのが見えた。この地の人は、なぜかみんな面倒くさそうに見える。オヤジは僕をちらりと見ると、今晩はミートが食べたいかとつっけんどんに聞いた。

イエス、と僕は頷いた。肉は久しく食べていなかったが、それ以上にこの肉屋の肉を食べたかった。オヤジは肉屋の男にも面倒くさそうに何か言って、ひと塊の肉を受け取ると何も言わずに坂を下りていった。

村中の台所に肉体がひきとられた牛はかなりスリムになり、顔だけが妙に大きかった。アシナガバチが忙しそうに骨から肉を食いちぎっていた。石で割られた牛の頭はわずかに変形し、よだれは垂れたまま半乾きになって、目も乾いて濁りはじめていた。近くでまじまじと見ると、牛乳やチーズのパッケージに書いてある牛とは違って、ずいぶんグロテスクな顔だった。上唇をつまんで持ち上げて見た。ピンクの歯茎から生え出た歯には茶色く筋がつき、噛み合わせは平らに削れていた。それは人間の歯とは違っていて気味がわるかった。

僕は肉屋の男が牛の頭を殴る瞬間、牛から目を逸らしてしまったことを悔やんでいた。男が牛を連れて切り株のほうに向かおうとしている時点で、何が起ころうとしているのかおおよそわかっていた。わかっていたのに僕は、自分の想像よりスマートな方法を取ってくれるだろうとどこかで期待していたのだ。

使い古された切り株に目を移すと、まだ半乾きのどす黒い血がついていた。投げ捨てられた丸い石にも血糊が光っている。ちょうど大人の片手に収まるぐらいのその石は、よく見ると人の手垢で黒光りしていた。

日本でも毎日たくさんの牛が殺されているはずだった。僕らの知らないところでたくさんの牛なり豚なりは殺されている。僕らは牛や豚の生きているときの姿をよく知らずに、パック詰めされた肉をあたりまえのように食べていた。

僕は肉屋の男のように牛を殺すことができるのだろうか。もしできないなら、僕に肉を食べる資格があるのだろうか。

肉屋の男は少し離れたところで、まばらになった客とのやりとりを挟みながら、雑肉と骨、残った内臓を整理していた。

どうやら……と僕は思った。

もう一度こんな機会に遭遇したら、今度は僕が牛を叩く役をやらさせて貰わなくてはならない。

Ⅱ　サバイバル登山

サバイバル始動

南アルプス大井川源流〜三峰川源流　一九九九年九月五日〜十一日

現地調達の山旅

出発の日の朝、納豆をかき混ぜようと手にとった箸の先が震えていた。皿に並んだイワシの丸干しが切なく、朝日を受けた妻がいつもより綺麗に見えた。

向かおうとしているルートに危険な個所はない。それでも僕は怖かった。これまでになかった方法で山に入ろうとしていたからである。

食料を現地調達する山旅をしてみたいと思ったのは少し前のことだ。自然の豊かな山のなかを、岩魚を釣りながらゆっくり歩く。南アルプスの地図を眺め、大井川の源流に目をつけた。

途方もない自然を相手に自分の力で活路を見いだしていく。それは僕が登山に求めているものだった。だが、かつて人は生きる手段としてそれをやっていた。将来の夢とか、人生の選択肢なんてものはなかった時代、厳しい環境に何とか自分を適応させていくことが生きるための唯一の方法だった。

生命体としてなまなましく生きたい。自分がこの世界に存在していることを感じたい。そのために僕は山登りを続けてきた。そして、ある方法に辿りついた。食料も装備もできるだけ持たずに道のない山を歩いてみるのだ。

最大十一日間の山行に持っていく食料は、米五合、黒砂糖三〇〇グラム、お茶、塩、胡椒だけとした。電池で動くものはすべて装備から除いた。時計、ヘッドランプ、ラジオである。コンロと燃料はもちろん持参せず、ついでにマットもテントもおいていくことにした。

タープを張って雨を避け、岩魚を釣って、山菜を食べ、草を敷いてその上に眠って、山に登る。不安はたっぷりあった。だから箸の先が震えていた。

家を出発して、山梨県南部の身延《みのぶ》に向かった。身延からはバスで、富士川支流、早川最奥の集落奈良田《ならだ》へ。奈良田から早川支流の黒河内《くろごうち》に入る。

黒河内の南俣はかつて奈良田越と呼ばれた山越えルートで、早川と大井川をつないでいた。今は時代の変革と森林開発の蛮行によって、その面影はない。早川の少し下流、内河内《うちごうち》には同じく白根南嶺を越えて大井川に出る転付峠《でんつくとうげ》がある。転付峠には現代的な登山道があり、今でも南アルプスの核心部に入るルートとして利用されている。転付峠のほうが楽な入山ルートだが、いにしえの山越えルートのほうが、この登山にはあっていた。

奈良田のダムを渡り、黒河内沿いの林道を上がっていった。黒河内下部には取水口があり、そこまでは作業道が続いている。空は青々として高く、それが夏の終わりを告げていた。小さなちぎれ雲がくっきりと浮かんで漂っている。歩きながらバッタや蝶を捕まえた。ものの本によると、われわれが穀類や家畜肉を食べはじめたのは、ようやくここ二、三千年にすぎないらしい。それ以前の何百万年も人類のおもなタンパク源は昆虫だったという。だが、いま僕が捕っているのはおかずではなく、あくまで釣りエサである。

取水口からようやく黒河内の流れに踏み入る。名前のとおり、黒い岩が張り出している。流れに生命感はなかった。日が完全に暮れる前に眠る態勢まで入っておきたかったので、まだ充分明るかったが、広い河原を泊まり場と決めてタープを張った。竿を出し、虫をつけて流してみる。反応はない。といっても、僕がそれほど渓流釣りに精通しているわけではなかった。子供のころは近所の沼やゴルフ場の池で、コイやフナを釣ってきたが、岩魚は登山を始めてからも数えるほどしか釣ったことがなかった。

初日の夕食は歩いている途中で見つけたヒラタケと小さなカエルということになった。釣りから戻る途中に大きな石をひっくり返して、ヤマカガシ（毒ヘビ）を見つけ、おかずに加えるべく頭を踏んづけた。皮を剥ぐと腹から溶けかけたカエルが出てきた。焚き火をおこし、その未消化カエルとヤマカガシとヒラタケを塩味のスープにする。もう一匹のカエルは丸焼きにすべく皮を剥いて内臓を出した。生きているカエルは丸々として可愛いが、内臓を出してしまうと食べるところはほとんどない。これっぽっちを食べるために、殺す意味があるのかどうか、悩ましいところだ。米を一握り炊く。ヒラタケは高巻き途中に見つけたものだが、図鑑と見比べて、そう判断したものでしかなく、ヘビ同様、飲み込むときにちょっと勇気が必要だった。

山菜キノコ図鑑を持ってきていた。良質の紙を使ったカラー図鑑はひときわ重く、装備のなかでも異彩を放っていた。現地調達といっても、スーパーで綺麗にディスプレイされた食料のなかから、その日食べたいものを選び出す生活に浸りきっている僕には、自然界から食料を探し出す能力が身についていなかった。何も知らないので、知識が書き記された書物を持ち歩かなくてはならない。無知とはそのまま余計な労力なんだということを僕ははじめて実感した。

焼けたカエルをまじまじと眺めてから、あんまり唇に触れないようにガジガジ囓って飲み込んだら、夕食は終わりだった。腹はまだ減っていた。いまごろになって、入山時につかまえた十五センチほどのヒキガエルを放してやったのが悔やまれた。つかまえてすぐ、毒腺の下に包丁を当てて、首ごと一気に落とそうと構えたのだが、その瞬間にククククッと鳴かれて、なんだか哀れになってしまったのだ。アインシュタインが言うようにエネルギーは質量に比例するのだろう。小さなカエルは何でもないのに、大きいというだけで、魂のようなものを感じてしまう。

お茶をたくさん飲んでまだ薄暗いうちにシュラフ（寝袋）に潜った。初日にしては上出来だろう。

空が明るくなりはじめたころに目が覚めた。といっても緊張のため、夜中にときどき目を覚ましては、あたりをうかがっていた。

薄暗いなかで焚き火をおこしなおし、残しておいたヘビ出汁《だし》のヒラタケスープを食べた。黒河内で気持ちの余裕ができるほど岩魚が釣れていたら、白根南嶺を広河内《ひろごうち》岳まで縦走してから池ノ沢を下って大井川に下りようと思っていた。そうすれば、大井川の林道を使わなくてすむ。だが、溯っても黒

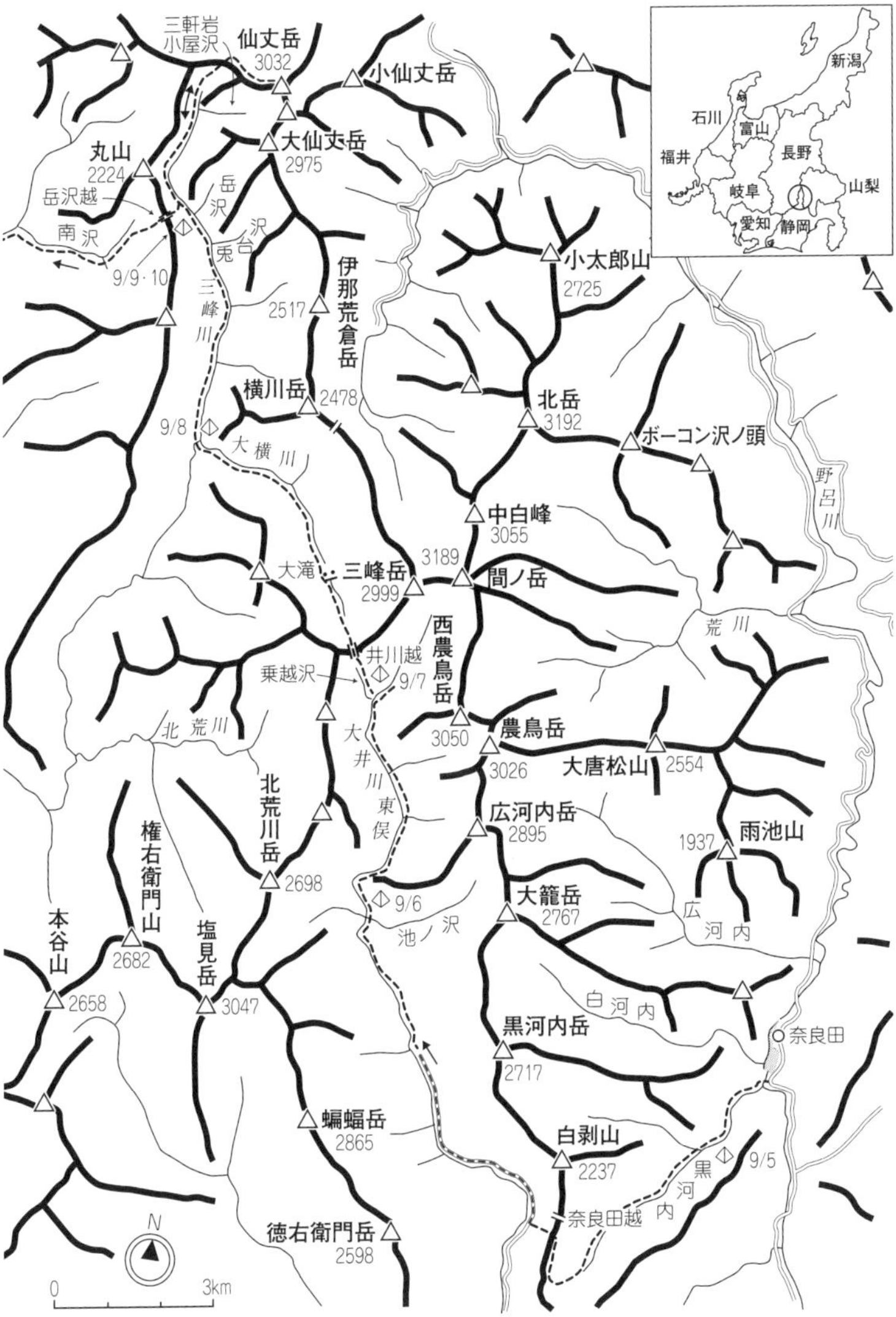
三軒岩
小屋沢
仙丈岳
3032
小仙丈岳
大仙丈岳
2975
丸山
2224
岳沢越
南沢
9/9・10
岳沢
兎台沢
三峰川
伊那荒倉岳
2517
横川岳
2478
9/8
大横川
小太郎山
2725
北岳
3192
ボーコン沢ノ頭
中白峰
3055
野呂川
大滝
三峰岳
2999
3189
間ノ岳
西農鳥岳
井川越
乗越沢
9/7
荒川
北荒川
3050
農鳥岳
3026
大唐松山
2554
大井川東俣
北荒川岳
2698
広河内岳
2895
雨池山
1937
権右衛門山
2682
本谷山
2658
塩見岳
3047
9/6
池ノ沢
大籠岳
2767
広河内
白河内
黒河内岳
2717
奈良田
蝙蝠岳
2865
白剥山
2237
9/5
黒河内
奈良田越
徳右衛門岳
2598
N
0
3km
新潟
石川
富山
長野
福井
山梨
岐阜
愛知
静岡

河内に魚影はなかった。

奈良田越の古い踏み跡は、沢の途中で流れから離れて尾根に上がる。一昔前の地図にはまだ載っているその道を見つけることはできなかった。

黒河内の源頭で藪を漕ぎ、稜線を越えて大井川東俣に下ると、八〇年代後半の台風で大崩壊していたはずの林道はずいぶん修復され、車の通った真新しい跡があった。流れに魚の気配はない。

イヤな予感がした。

釣りはお預けで体力のあるうちに上流をめざすことにした。荷物は軽いので足は速い、が、腹が本格的に減っていた。休憩のついでに焚き火をおこし、お湯を沸かして、林道の横にあるフキをちぎって、塩煮にした。

旨《うま》いとは言いがたいフキを無理して飲み込み、少し歩くと、サルナシが群生していた。サルナシは猿梨と書くが、梨ではない。味、匂い、断面、実り方すべてがキウイである。唯一の違いは小さいこと。指の第一関節くらいしかなく、キウイ一個と同じだけ食べるには二、三〇個は口に放り込まなくてはならない。僕は荷物を下ろして、サルナシのツタが絡んだ木に登り、つぎからつぎへと口に入れていった。噛むとキウイの味が口に広がり、タネをかみつぶす歯触りまでよく似ている。超熟した旨いサルナシは、木にちょっと振動を与えただけで落ちてしまい、何度も悔しい思いをした。念のため、青く硬いサルナシも収穫し、ビニール袋に詰めてザックに入れた。

大井川の広河原には新しい番屋が建ち、人影が動いていた。「あふれる大自然」を期待して大井川源流に来た僕には、信じたくない光景だった。そして林道の終りには二台のスクーター。一般人の大井川林道の通行は禁止されているから、コネのある釣り師のものだろう。僕はこそこそ隠れ、人目を避けて前進した。

大井川の東俣は、もはや裸の人間を生かしてくれるほど、原始でもなければ豊かでもないようだ。僕はルートの設定を誤ったのかもしれない。それとももっと奥まで行けば、この川が僕だけのものになる瞬間が来るのだろうか。

池ノ沢出合まで逃げるように歩いた。池ノ沢出合を本日の泊まり場として、池ノ沢を釣り上がってみるつもりだった。

池ノ沢出合につくと、今度は単独行の源流釣りおじさんと、ばったり会ってしまった。隠れるわけにも逃げるわけにもいかず、少し話をした。人のよさそうなそのおじさんは池ノ沢を下って来たという。池ノ沢にも魚影はひとつもなかったらしい。

一人になりたかったので、行動を打ち切りたいのを押してさらに進んだ。だが、おじさんがついて来てしまった。さらに歩みを速めたが、おじさんは何かと僕に話しかけながら、必死で追ってきた。釣り場を僕に荒らされるとでも思っているのだろうか。ぜーぜー言いながら、よだれをすする余裕もなく、すがりついてくる。結局、おじさんから逃げきれず、河原に一緒に泊まることになってしまった。

太陽は山の向こうに沈んでいた。開けた河原を吹く風が冷えはじめている。風が入らないように低くタープを張り、薪を朝の分まで集め、火をつけた。鍋吊るしを作り、鍋を掛ける。湯が沸くまでに、寝床に敷く草や食料のフキを集める。シンプルライフは忙しい。

おじさんもツエルトを張って、夕食の準備をはじめた。

二人の釣り師が川を下ってきた。さっき見たスクーターの持ち主だろう。顔つきと装備を見れば釣り師の品性はおおよそわかる。この二人は最悪だ。クーラーボックスをそれぞれ二個、タスキがけにしている。ご挨拶だけ釣果を聞いた。

「ぼちぼちだね」と四〇過ぎに見えるほうが面倒くさそうに答えた。もう一人は若く、バテていた。なにか話したそうにしていたが、年輩の相棒に促されて、ゆがんだほほえみを残して僕らに背を向けた。

二人が河原のむこうに消えてから、おじさんが言った。

「彼ら、そうとう釣りましたね」

見たくないものを見てしまったという顔だった。

僕はうなずいた。若いほうに釣果を自慢したそうな態度が見え見えだった。

僕には今夜も岩魚はなかった。フキをゆがき、米を少々炊く。おじさんが牛肉大和煮の缶詰など、旨そうなものをたくさん持っていて、僕に勧めてくれた。だが、今回の山行の趣旨を説明して断った。説明している自分が馬鹿らしい。だから一緒に泊まりたくなかったのだ。

昼間採っておいた青いサルナシが僕の今夜のメインだった。

マダガスカルを旅したとき、子供たちが茹でたマンゴーを与えられていたのを思いだし、サルナシを茹でてみた。

おじさんは僕の夕食を見て言葉を失っている。

「い、いつもそんなもの食べているんですか」

「今回がはじめてです。ちょっとやってみたかったんです。だからとことんやらせてください」

青いサルナシは茹でても硬くてまずかった。僕は酸っぱくて青臭いサルナシをよく嚙まずに飲み込んだ。

「お酒も……飲みませんよね」

「ええ、今回は遠慮します。すいません」

おじさんは残念そうにちびりちびりと酒をなめはじめ、僕はお茶を飲みながら、焚き火を囲んだ。

おじさんは休みをつなげて九州から来たという。源流釣りが好きで、雑誌から本州の情報を集めていた。小学生の息子と一緒に地元の源流に行って、増水に遭ったこの夏の思い出を話してくれた。酒が回ったのか、口の横に白い泡をためて、息子を抱えて濁流を渡るシーンを何度も何度もくり返した。

本州の大河の源流とそこに住むヤマトイワナに憧れて、今年は大井川を選んだという。

「一匹出会えればそれでいいんです……。そうですよね」とおじさんが焚き火を見つめながら言った。

「僕は食べるつもりできてますから」

「でも、さっきの連中とは違うでしょう」

「うーん……」

違う、と言いたかった。でも、お前のやっていることも自然に甘えたひとときの遊びじゃないかと言われたら、僕には返す言葉がなかった。

空腹

目を覚まし、タープから顔を出して空を見上げると、モコモコした黒い雲が行き場を探すようにゆっくりうねっていた。抜けていく風も心なし生暖かい。ガスコンロで一足早く朝食を終えたおじさんが、今日は一緒に行きましょうと言って、先に出発した。僕の朝食はまたフキと青いサルナシである。おじさんは少し上流で竿を出していた。朝食後、僕はばれないように河岸段丘から回りこみ、おじさんを抜かして先を急いだ。

魚止めの滝から魚影が走りはじめ、乗越沢の小さな滝壺で、二匹だけ岩魚を釣り上げることができた。ようやくという感じで興奮する。おじさんのことを考えてすこし心が痛んだが、それでも、空腹には耐えられず、二俣まで戻って本流にも竿を出すことにした。

二俣にザックを置き、竿を持って上流へ。大きな釜を越えたところに、イクラが一盛捨ててあった。昨日の釣り師の仕業だろう。山行三日目、動物性タンパク質は初日に食べたヤマカガシとカエルだけだ。目の前のイクラを食べてしまいたいという衝動に駆られたが、使い方によっては岩魚に変わるかもしれなかった。

さっそく、毛バリに替えてイクラにする。一発で岩魚が食いついてきた。イクラを食べなかった自制心が誇らしい。目につくキイチゴをつまみながら、釣りに集中した。

朝から黒かった空から、雨が落ちはじめ、二俣に帰るころには、大粒の雨がぼとぼとと降っていた。空腹で濡れたためか、膝ががくがく震えている。水位も上がりだしていた。

気持ちが暗くなるところだが、二俣は平らで小高く浸水の心配はなかった。腰には岩魚が数匹下がり、イクラもまだある。大雨のなかタープを張り、焚き火の用意を急いだ。

タープがあれば雨でも火はおこせる。見わたすと、都合よく立ち枯れのツガが近くにあった。ツガはヤニが多く、火がつきやすい。

快適な焚き火を長時間続けようと思ったら、用意は周到に行なわなくてはならない。雨の日の焚き火はなおさらだ。地面が土だったので、川から平たい石を持ってきて、タープがぎりぎり雨をしのいでくれるところに埋めた。土は熱を吸うが石は反射する。ここが火床になる。

ノコギリで薪を切りそろえ、石の上にまず、太い薪をぎっしり並べる。そしてその上に徐々に細くなるように薪を隙間なく積む。指ほどの太さまで積んだら、メタ（着火材）をのせて火をつけ、今度はその上に、乾いた細かい枝を綺麗に束ねてたっぷりのせる。雨の日はメタをのせる直前の指ほどの薪と、最後にのせる細かい枝（焚きつけ）は立ち枯れの木から取ったものがいい。立ち枯れなら表面が濡れていても、なかは乾いているからだ。そこまでできたら、濡れ新聞か、笹やフキの葉などを上から被《かぶ》せてしまう。

火を燃やすのに必要なものは三つ。熱、燃えるもの、そして酸素だ。焚き火を扇ぐと火が強くなるのは、より多くの酸素が送りこまれるからである。だが、火のつきはじめに扇いでも、酸素が送り込まれる以上に熱が逃げてしまい逆効果になる。火がつきにくい雨の日は、濡れ新聞や笹の葉を被せて、いつも以上に熱をこもらせ、何もしないで辛抱強く火が上がるのを待つのがいい。酸素不足で消えることはない。こもった熱で濡れ新聞が乾くころ、十分に熱くなった焚き火の中心から火が噴きだしてくる。

岩魚を一匹だけ焼いて食べた。泣き出したくなるほど旨かった。明日も雨ならば動けないので、他の岩魚にまで手を出すことができず、残りは燻製《くんせい》にしておくことにした。

雨は激しく、はじけた雨粒が霧のようにあたりに漂い、すべてをじんわり湿らせた。単独行のおじさんはどこでどうしているだろうか。首尾よくヤマトイワナを釣り上げることはできただろうか。


登山道などがなかったころ、藪を避けられ、アップダウンのない水流の近くが山越の登降路だった。山の民が歩きやすい沢を経験で探し出して伝えてきた。猟師や木こり、もしくはなんらかの理由で関所を越えられない人などがそんな道を使っていた。山小屋も登山道もまともな地図も装備も交通機関もなかった時代に、今よりずっと山深い南アルプスを平気で歩きまわっている人たちがいた。

井川越をめざして乗越沢を詰め上がっていった。井川越も奈良田越同様、昔、南アルプスの稜線を越えるのに使われていた峠だ。乗越沢という名前がそのことを示している。稜線を越え、反対側の大横川の源流に入る。源頭は崩壊し、岩と砂礫がガラガラと積み重なっていた。天気は回復傾向のようで、雨に洗われて澄んだ空気の向こうに、遠い山々がくっきり浮かび上がっていた。

大横川の上流には大滝がある。それは五万分の一地形図にも記されている。出発前にもっとも不安だったのがこの大滝の処理だった。

今回、自分がどこに行くのかを誰にも言っていなかった。妻には嘘の計画を伝えて、家を出て来ていた。ときどき、僕はちょっと危うい単独行や単独登攀をするが、山のなかでよく「ここで骨を折ったら助けがくるまで何日かかるか」と計算していた。ソロといっても社会から完全に離れていなかったのだ。今回は、もし足の骨を折っても、自分でどうにかするか、のたれ死ぬか、といった状況に自分をしっかり追い込んで、そういう面でも自分の力というものを試してみたかった。

大滝を囲む山肌にはかすかな踏み跡がついていた。滝を避けてケモノが移動するためのケモノ道だろう。ケモノの踏み跡をたどるように藪をつかんで滝の横を下っていった。

クライミングロープは持っていなかった。ロープや登攀具を持たなければ、荷はより軽くシンプルになる。軽くなればそのぶん、身体能力が上がることになる。道具を否定した登山は、自分の力を発揮しなくてはならないという面と、発揮しやすくなるという二つの面を合わせて、相乗効果で人を山に近づける。そして大滝の通過こそ、それを具体的に証明するポイントなのだと、僕はひとり意気込んでいた。

だが、特別な能力を発揮することもなく、あっけなく大滝の下に立っていた。

釣りながら下っていくと、三峰川《みぶ》に合流する手前で、二人のテンカラ（和製毛バリ）師が釣り上がってくるのが見えた。二人は僕に気がつかず、テンカラのラインを器用に振っている。隠れてやり過ごそうかとあたりを見まわした。だが、身を隠す場所はなく、こそこそしている自分も情けなかった。

二人は最初、上流から現れた僕にかなり驚いていた。気を取りなおしてから、僕の竿先に毛バリが下がっているのを見つけて、嬉しそうに話しはじめた。

「数は出てるよ。二人で一〇〇本は上げたんじゃないかなあ。でも型が悪いね。キープしたのは一〇本もないよ」とビクのなかを見せてくれた。僕は息をのんだ。大きな岩魚が気持ちよく並んでいた。

「大滝の下の滝壺で、いいのが釣れたでしょう」

大滝の下でもちょっと竿を出したが、僕の竿はピクリとも反応しなかった。

「え、いや、あんまり真剣に釣らなかったので……」

「そうですか。じゃあ行ってみようかなあ」

彼らは、小さな黒い毛バリを使っていた。僕のは、釣り具の量販店で買ったオモチャのような市販品だった。

「釣れる毛バリがあるんですか」

「源流は何でも釣れるけど、今日は黒くて小さいヤツによく出ているみたいだね」

一人が僕と話しているあいだ、相棒のほうは楽しそうに竿を振って毛バリを飛ばしていた。ポイント、ポイントにていねいに毛バリを打ち込んでいる。僕は五メートルの竿に一メートルほどのミチイトをつけて、その先に毛バリを結んだだけだった。

岩魚を数本恵んでくれませんかと喉まで出かかったが、言えなかった。

へろへろになりながら三峰川の出合まで下りた。二人で一〇〇匹。僕は四日で数匹しか釣っていない。自分が釣れていないのに、他人が釣れているというのは、わかりやすい衝撃だった。僕はへたでうまいヤツはうまいのだ。

早めに切り上げたかったが、出合で泊まると、このあと降りてくるさっきのテンカラ師にまた会うことになる。三峰川を溯った。川は丸石の敷き詰められた河原を大きく曲がりながら、ゆったりと流れていた。少し行って、河岸段丘を見つけ、タープを張った。

米を少々炊き、昨日の岩魚を二匹食べる。空に浮かぶ雲を夕日がオレンジ色に染めていた。いつものようにフキをゆがいて繊維質を確保し、少ない食事をなんとかゆっくり食べ、最後に鍋にへばりついた米の粘膜をこそいでなめた。焚き火の煙が夕焼けの空に上がっていくのを膝を抱えて眺めていた。岩魚の燻製を焚き火のまわりに並べて暗くなるのを待った。燻製は一晩だけ燻したものより、二晩以上燻したほうが水気が飛んで保存が利く。

しだいに夕暮れの空より焚き火のほうが明るくなっていった。藍色だった空が濃い紫に変わり、微かに残った雲の白さだけに、夜のはじまりが残っている程度だった。森はすでに真っ暗で、火を中心に影が伸びていた。鍋を焚き火にのせ、お湯を沸かして、黒砂糖入りドクダミ茶をたくさん作った。夜がまたゆっくりやってきていた。

三峰川の夜

黎明には目が覚める。

夜明け前の青いモノトーンから、明るくなるにつれて、風景に色がついていく。光を吸い込むように黒く不気味だった川は、せせらぎを立てる透き通った美しい流れに変わり、背後の森を小鳥がピピッと鳴きながらぬけていく。

小さなシュラフを持ってきていた。炭水化物が足りないので、熱量に不安があったからだ。だが、シュラフがあっても朝は充分寒かった。時計がないことは予想に反してほとんど気にならなかった。

岩魚が釣れないうえに、大井川の人影から逃れるために、急いでここまで来てしまった。残りの行程は少なく、日程は余っている。今日はゆっくり岳《だけ》沢の出合あたりまで行けばいい。大横川で出会ったテンカラ師の「二人で一〇〇匹」が頭のなかにしっかり残っていた。

「よーし、釣るぞぅ」と意気込んで三峰川を溯りはじめた。

僕の出現に驚いたカワガラスがぎょっぎょっと鳴きながら、水面ぎりぎりを飛び去っていく。ぴょろろろろ、と森から鳥の声がする。青空が広がり、木々のあいだから漏れてくる朝の光を穏やかな流れが弾いている。

兎台《とだい》沢を過ぎると、魚影が走りはじめた。僕もテンカラのラインを持っていたので、竿の手元を数本抜いて短くし、毛バリを飛ばしながら歩くことにした。テンカラは短めの竿に重めのラインをつけて、鞭を打つようにラインを操って毛バリを飛ばす。そんなシステムは知っていたが、やったことはなかった。にわかテンカラではうまく鞭のような弧が描けず、毛バリを何度も木の枝に引っ掛かけてしまった。毛バリは五本しか持ってきておらず、すでに三本なくしていた。沢を歩いている時間より、毛バリを回収するために木登りをしている時間のほうがだんぜん長い。

それでも少し慣れ、多少はさまになってきた（と思う）。打ち込んだ毛バリが渦にもまれ、空気を含んで白くなった流れに乗る。弓のようにしなった岩魚の横腹が日射しに反射してキラリと輝いた。

「きた」

反射的に手首を返す。何かに引っかかったかのように竿が一瞬止まり、すぐつぎの瞬間、イトから岩魚の生命感が伝わってきた。二回三回と岩魚は身をくねらす。竿はその力をいなすようにしなったままだ。この旅いちばんの大物。慎重に足場を変え、ゆっくり河原に誘導した。

　持ち上げると岩魚はずっしりと重く、手の中でたわんでいた。いままで釣ってきたのが子供のように思える立派なヤマトイワナだった。黒っぽい魚体にオレンジ色の斑点をちりばめ、山々と木々を一つの命に凝縮したかのように美しい。岩魚を持つ手がかすかに震えている。

　岩魚の頭を岩にたたきつけてシメた。エラから粘質の血液が流れ出す。フキにくるんでザックにしまい、代わりに岩魚の燻製を出した。手についていた岩魚の血を流れで洗った。

　三峰川は静かに流れていた。森が川を覆い、木の葉が緑のステンドグラスのように秋の太陽を通していた。一畳ほどの小さな河原に腰を下ろして、耳を澄ますと、ぽこぽこと水が岩を巻く音が大きくなった。ときどき小鳥が甲高い声を発しながら飛び去っていく。水面が丸くキラキラと揺れ、岩魚の燻製が最高に旨かった。

　岳沢出合につくまでに、首尾よくまあまあの型の岩魚を三本上げることができた。寝場所にはあまりいい所がなく、沢沿いにタープを張った。

　本日の収獲をさばく。大きめのヒキガエルも二匹捕まえていた。いつものように岩魚の内臓はスープ用にとっておき、卵は塩漬けにする。岩魚は捌《さば》いたら、塩・胡椒をして、近くの枝にぶら下げておく。こうしておくと、よけいな水分が抜け出て、燻製作りがうまくいく。カエルは皮をむいて、毒腺から出た毒をよく洗い、内臓はごめんなさいと森に投げ、身だけを燻製にする。

　いつ雨が降り出すともわからないので、薪をめいっぱい集めておく。

　米を炊き、スープを作った。岩魚の内臓スープは出汁が出て塩味だけでも充分旨い。とくに胃はムチムチと歯応えがあっていつも楽しみだ。本日もまずはじめにスープをすすり、岩魚の胃を口に入れた。

「×?」

にがい刺激とともに口のなかいっぱいにカメ虫の匂いが広がった。どうやらカメ虫の一部が胃の中に残っていたらしい。はき出したものか、食べたものか。とりあえず飲み込んで、川でうがい。しかし、強烈な匂いはなかなか口から去らず、そのあとの食事はすべてカメ虫風味になってしまった。

夕食を終えるころ、ゆっくりと日が暮れてゆく。僕はタープの下に草を敷き、シュラフを広げて、寝床を作る。夜の明かりは月明かりとろうそくだけなので、見えるうちに整理整頓をしておかなくてはならない。あとは寝るだけとして、焚き火の横に腰を下ろした。

火の横に串に刺した岩魚を立てておけば、燻製はできあがる。焚き火も火がついたあとは、適当に薪をぶっこんでおけばいい。だが僕は薪を切りそろえ、焚き火をいじる。一人山奥の早晩に何もしないでいるのは寂しすぎる。ひょうたん型の浅い穴を掘り、大きな穴で焚き火をし、小さな穴に赤く焼けたホダ火を移していく。ホダ火穴の周りには岩魚が並んでいる。

薪が炭に変わっていくと焚き火の炎がふらつきだす。火が弱くなり、風が吹いてきてまた、勢いを取り戻す。そのたびに周りの世界が明滅し、ふっと炎が消えると世界も暗闇に消える。足元で赤いホダ火が小さな虫のかたまりのようにうごめいている。新たな薪をくべて風を送る。煙が上がり、すぐに炎に変わる。炎が出ると、そこを中心にしたオレンジ色の丸い世界がふたたび浮かび上がる。岩魚や石、周りの樹々の炎に向いている側だけがオレンジに照らされ、裏側は吸い込まれそうなほど黒い。

日頃あたりまえの装備のなかで、なくていちばん不安なのはヘッドランプだった。とくに今日の泊まり場は沢に近く、もし夜に増水したら、なんとか斜面を登って、朝が来るのを待つしかない。

薪をくべ、燻製作りを続けた。何時間焚き火を眺めていたのだろうか。ろうそくの明かりを頼りに、泊まり場のはずれで小便をした。ぬるくなったドクダミ茶の残りを胃に流し込み、焚き火に太めの薪をくべて、シュラフに入った。焚き火がはぜるのを少し眺めてから、目をつむった。

対岸の山肌からケモノの歩く気配がした。遠くで鹿が鳴き、甲高い声が暗闇を割いて消えた。山でケモノに出逢うと、知床の稜線で食料を奪っていったキタキツネのことを思い出す。そしていつもお決まりの疑問が頭に浮かぶ。

「僕はあのあとの吹雪を知床連山でもっとも標高の高い稜線で耐えることができたのだろうか」

食料を奪われた直後、僕はキタキツネが憎くてしょうがなかった。見つけたら捕まえて皮を剝いで食べてやろうとまで思っていた。実際、岬に着いてから、靴擦れで痛い足を引きずってキタキツネを追いかけた。

あの日僕は、接近する低気圧をやり過ごすために停滞しようとしていた。食料を奪われたために、日程に余裕がなくなったので出発したのだ。その結果、あのあとのみぞれ三日間と三八豪雪以来と言われた嵐の三日間を、知床連山でももっとも標高の低いルサ乗越付近で迎えることになった。もし食料を盗まれずに停滞していたら、羅臼岳の半雪洞で荒天の六日間を耐えなくてはならなかったかもしれない。あそこは知床連山の核心部、もっとも標高の高い場所である。

キツネに食料を盗まれたことがたまたまいい方向に作用した。たぶんそれだけなのだろう。羅臼岳にいたとしてもなんやかんやでうまく生き延びていたにちがいない。

あるいは、あの小さな可愛い足跡に僕は救われたのか。

毎度、同じ思考行程をぐるりと巡って「あの吹雪をもっと標高の高いところで耐えられたかは疑わしい」という結論に帰ってくる。そして僕は感傷的な気分になる。

もう十年近く前のことだ。キタキツネの彼（もしくは彼女）ももうこの世にはいないだろう。いや、うまくやっていれば、子孫のなかに薄まって生きている。人が眠っているテントから食料を盗み出せるのだから、うまくやってないはずがない。

ふたたび鹿の声が闇を細かく震わせて森に吸い込まれていった。知床のキタキツネ、フンザの肉屋の牛、インドの野豚、そして対岸の鹿。もし彼らと会話ができるなら、聞いてみたいことがやまほどある。自然のなかで生き残ってきたケモノは美しい。まったく同じ状況でも彼らが感じることのほうが僕よりもずっと深く澄んでいる、と僕は信じている。

僕のやっていることは遊びなのだろうか。サバイバルといったところで、あえて自分に課した課題でしかなく、ヘビやカエルを食べているのも、必要に迫られたというより、そんな気分に浸りたいだけなのかもしれない。

だが、いま僕を包んでいる暗闇は本物だった。知床の雪穴だって本物だった。K2のアタックで見た満天の星空も、インダス川を埋め尽くした蛍の瞬きも本物だった。目の前で岩魚を照らしている焚き火をおこしたのも僕だ。岩魚は僕が殺したのだ。素直、自然、ありのまま、それらの言葉が意味するものは、真実ということに近い。本物とはそういうことだ。

夜は暗く怖かった。朝、明るくなると自然に目が覚め、ふたたび光のもとに戻ってこれたことを感謝した。太陽の高さで時間を知り、雲の流れで天気を予想した。焚き火をおこして夜に備えた。泳ぐ岩魚を釣り上げ、その命を奪った。

「能力が出来高に直結する」——この自然の法則に従うことは、生命体としてすがすがしいことだ。それは登山の大きな魅力だと僕は思う。

われわれは生物としての身体感覚を失おうとしている。「大自然のなかで自分の小ささを知る」とよく言われる。それは世界がリアルに存在すると実感することだ。自分の見ている世界が夢やまぼろしではないと確信できるのは、世界がつねに自分の想像を超えたものとして存在するからである。

知識・技術・体力の三つに集約される能力には「重さ」も「嵩《かさ》」もない。だが、この三つの能力は大自然のなかでとても直接的な存在感をもっている。その内なるエネルギーは単純に美しい。

山のなかで僕は自分の身体がたしかに存在しているのを感じている。見た目には何も変わっていなくても、サバイバル登山を経て、生きるための知識と能力が少しずつ増えているのがわかる。街ではなんの役にも立たない能力だが、僕は自分が強くなった手応えを感じている。

結局シュラフの中からずっと焚き火を眺めつづけていた。明日はこの山行最後で唯一のピーク仙丈岳を踏む日になる。ぜんぜん眠くはなかったが、僕はシュラフの入り口を閉め、包丁で刈り取った草の上で寝返りを打った。

朝になって物が見えはじめると安心する。そして、雨が降っていないと嬉しくなる。陽が当たりはじめると感謝の気持ちが体のなかから湧いてくる。山行中、ことあるごとに空を見て、雲行きをうかがってきた。今日も快晴だ。

本日は、仙丈岳の山頂を往復してくる。朝食はいつもより多いひとすくい半の米を炊いた。岩魚の燻製と地図だけを持って出発。三軒岩小屋沢ではなく、地蔵尾根への沢を登る。斜面は緩く、湿っていて、一面苔むした丸石が敷き詰められ、そのあいだを水が輝きながら流れていた。

いよいよ源頭というところで、たっぷり水を飲み、少し休んでから尾根にあがった。登山道をゆく。イグチを見つけた。僕が同定できる数少ない食キノコの一つだ。イグチの仲間は見分けやすいので、キノコ初心者でも安心して食べられる。高度を上げると、ホシガラスがハイマツのマツボックリをつついて、器用に実を掘り出していた。脂っこい松ノ実の味を思い出し、僕も手を出してみる。手と口を松ヤニだらけにして、収穫はゼロだった。

藪沢カールでは、避難小屋があったところに新しい小屋を建設していた。発電機とチェーンソーの場違いな音がカールに響いている。山小屋をもし人間と牛馬の力だけで作ったら、美しい光景だろう。平日だったが仙丈岳のピークには人がたくさんいた。岩魚の燻製を食べ、すぐに仙丈岳を後にした。人の匂いを避け、三峰川に急いだ。

三峰川は光に輝いて綺麗だった。僕は大きく息をついた。

下っていくと、浅瀬にいた岩魚があわてて大きな石の下に逃げていくのが見えた。

腕まくりして流れに入った。石の下にゆっくり手を入れてゆく。予想どおり岩魚は石の下に隠れていた。ゆっくり手で囲むようにすると、岩魚は必死で余地のない奥に入っていった。僕の腕もすでに肩まで水につかっている。追いつめた岩魚が身動きをとれなくなったところで、両手で押さえ、エラの下をグッとつかんで、岩の下から手を抜き、河原に走った。八寸ほどの立派な岩魚だった。

仙丈岳の登頂を終えてまだ六日目だった。予定ではあと五日、山にいることができる。明日からここをベースにして釣りとキノコ採りの生活をしようかとも考えたが、目的の仙丈岳を踏んでしまったいま、里ごころがむくむくと湧き出していた。そして台風が南岸で発生してるんじゃないかなどと考えると、単純に怖かった。

悩んだあげく、明日の朝天気がよかったらせっかくだから一日は釣りでもすることに決めた。イグチと内臓のスープを作り、米を少し炊く。米はまだ三合ほど残っていた。夕食を食べ終わると、やることはなにもなかった。

朝、雨がポツポツとタープを叩いていた。帰る口実ができたのが嬉しく、それを喜んでいる自分が情けない。

タープの下に入れておいた薪で焚き火をおこし、朝食。後ろ髪を引かれつつ、岳沢越をめざした。倒木の藪を越えて、踏み跡を辿り、南沢の林道にでた。突然、歩くスピードが落ちて三〇分ごとにへたりこんでしまった。体脂肪が尽きたのかもしれない。気持ちが切れたのかもしれない。本流沿いの道に出ると、道祖神が古くからの道であることを明かすかのように鎮座していた。アスファルトが引かれるまえのこの道をだれが何の目的で歩いていたのだろう。

養蜂で山に入っていた夫婦が車に乗せてくれた。バス停で降ろしてもらうと、角に小さな食堂があった。ふらふらと近づいてドアに手を掛けたが、カギがかかっていた。昼食の時間は終わってしまったらしい。バス停にザックを置いて、少し歩いた。雑貨屋があり、ちょっと悩んで、ポテトチップスのノリ塩を買った。これが断食明けの加工食品かと思うと寂しかったが、そのわりにはむさぼり食った。

公衆電話の受話器をあげた。財布とかプッシュホンとかいろいろなことが懐かしい。家のボタンを押すと呼び出し音が聞こえてきた。今、わが家とつながっているこの電話機のからくりはいったいどうなっているのだろう、と僕は思った。

サバイバル生活術

シンプルライフ

車道を歩いて小一時間で最初の沢の出合についた。沢沿いに延びる林道には、ワラビがぽつぽつと生えている。

林道が尽きたところから入渓。いつもながら、こんなことやめておけばよかったかなという不安と自分の生きる力を試す興奮とが入り混じる。最初の谷はゴルジュが発達した険谷である。

下流部はブナの森に覆われている。いくつもの大きなブナが太く静かに空にのびている。空は晴れわたり、森には杣道《そまみち》が続いている。

杣道がわからなくなったところから渓《たに》に下りる。流れに抗《あらが》い、飛び石を伝ってすすむほどにV字の渓谷は深く、空は狭くなっていく。小さな滝が瀞《とろ》を作り、胸まで浸かっても足が川底に届かない。泳いで滝の横の岩にしがみつき、濡れて重くなった体をゆっくり水から引き上げる。

そんな場所を二、三過ぎると、流れのなかに黒い影が走りはじめる。

荷を置いて釣り竿を出し、歩きながら捕まえては小さなタッパに入れておいた虫をハリにつけ、淵に流す。一投目からアタリが来て、軽くアワセ、たいしたやり取りもなく流れから引き抜いた。六寸ほどの小ぶりな岩魚だ。岩魚は川によって形や色合いが微妙に違う。やや色の薄いニッコウイワナは黄緑の斑点を体にちりばめている。

よく眺めてから流れに戻す。最初の一匹は山に返す。山釣りの鉄則である。

ゴルジュはとぎれることなく続く。側壁が切り立ったV字渓谷で怖いのは増水だ。まとまった雨が降ったり、上流で崩れた雪渓が流れをせき止め、たまった水の重さに耐えられなくて崩壊したときに、増水は襲ってくる。行動中の増水は、側壁に逃げるなどで対処できるが、夜は厄介だ。とくにヘッドランプを持たない僕にとって、眠っているときに増水に襲われるのは手に余る。できることなら夜は、森のなかや小さな高台で過ごしたい。

渓の側壁を観察すれば、泊まれそうな場所には見当がつく。地図では、まだまだ安心して泊れる場所をみつけられそうな気配はない。時計代わりの太陽は南中よりやや西に傾いたようだ。夕食の炊事までを明るいうちに済ませたい。それでも岩魚のいそうなところでは竿を出してしまう。

側壁の傾斜がやや緩み、大きなヒキガエルを二匹つかまえた。おそらく森が近い。

予想どおりゴルジュがとぎれ、宿泊可能な台地が見つかった。

周辺を確認する。チェックリストがあるわけではない。眺めまわしてなにか心に引っかかってくるものがなければOK。なんとなくやばい気がするからやめておこうとか、なんとなくこっちのほうがよい気がするなんてときの「なんとなく」という感覚は大事にしたほうがいい。勘という言葉を霊感、直感、第六感といった軽い超能力のように使いたがる人もいるが、僕は言葉に還元できない総合判断だと思っている。もしくは体全体で考えているといってもいい。人間は言葉を使って頭でものを考えているると思いがちだが、言葉をもたない野生動物たちもかなりの物事を判断している。

流れてきた毛バリの周りを疑わしそうに泳いで、食いつかないで戻ってしまう大岩魚。そこに明確な判断基準があるようには思えない。ただ「なんとなく」やめて帰っていく。あさはかな小物が釣れるより、そんな瞬間を見るのは嬉しいものだ。「なんとなく」に救われる生き物たちを見て、僕も「なんとなく」を大切にするようになっていった。

泊まり場を決めたら、地形や木を見てタープを張った最終形を想像する。火をおこす場所や頭の位置、荷物の置き場所、増水時の逃げ場もおおよそ考えておく。寝床と居間を決めたら余計な石や倒木を整理し、柱となる木を決定して、梁になるロープを張る。立木がなければ流木などで柱を作ることになる。ロープは登攀と兼用。ロープを張ったら、タープを渡して四隅を石や草木で固定する。ぴんと張ったロープを中心線として左右にタープが広がる屋根型が基本型だ。タープを斜めに張る「片落とし」は雨や風への安定感を欠く。草木を適当に刈って寝床に敷いて、住居のできあがり。

泊まり場が完成したら、すぐに炊事が始まる。シンプルライフは忙しい。食料が足りなければ調達に行くし、足りている、もしくはあるもので我慢する、時間がないという場合は薪を集める。雨が降りそうなときも薪集めが優先する。

焚き火はどうやってもおこせるが、快適な焚き火にはそれなりの準備が必要だ。最初をいい加減にするとそれが最後まで尾を引くことになる。太すぎるんじゃないかと思うくらいの太い木を火床にして、薪をしっかり切り揃えておくと快適な夜になる。煙が出はじめたら炊事開始。まず、お茶用の鍋を焚き火にのせ、米を研ぐ。鍋はつり下げ式の取っ手がついたビリーカンか飯盒がいい。横に取っ手がついている鍋は、焚き火相手の炊事では役に立たない。

研いだ米は急がないなら誤って蹴飛ばさないところにおいておく。僕はいつも焚き火の近く、じんわり暖まるくらいにおく。スープは一人で作れということわざが西洋にあるらしいが、米炊きも似ている。各人のやり方があるので、複数の場合、米炊き係が決まったら周りはがたがた言わないほうがいい。お茶が沸騰するのを待つあいだに、確保してある岩魚やカエル、山菜の下拵《ごしら》えに入る。

本日は下流部の雪渓脇で上物のウドが取れていたので、ゴマ油と醬油と塩で煮込み炒めができる。入山時のワラビは焚き火の灰であく抜きが必要だ。

サバイバル山行をはじめたばかりのころ、調味料は砂糖と塩と胡椒だけだった。最近は味噌とゴマ油、そして醬油も持っている。ネパールの山民もギイ（羊の脂）を持ち歩いているからというのが言いわけで、塩・胡椒だけではあまりにも味気なくて、まいってしまったというのが正直なところだ。毎日違うおかずを子供のころから食べてきてしまっているわれわれにとって、たとえ数日間でも、同じもの同じ味を食べつづけるというのは、大きな精神的苦痛だということをサバイバル山行で僕は知った。

ウドのゴマ油炒めは街で食べてもそうとう旨い究極のサバイバルメニューである。そのほかに周辺を見て味噌汁の具になりそうな山菜を取る。たいていはミズかウルイだ。時間があるときはミズトロ口をつくって夕食に添えたりする。

岩魚は翌朝の刺身ぶんは網に入れ、流れに沈めて生かしておき、大物は刺身、その他は燻製にする。岩魚を捌くのも一仕事である。ワタ（内臓）もアラも捨てない。捨てるところは胃袋の中身とニガリ玉とエラだけであり、それが、岩魚への礼儀というものだ。

岩魚は型がよければ刺身が旨い。淡水魚の味は海水魚にかなわないと言われるが、岩魚の甘みと歯触りは海の魚を交えた味比べでも上位に食い込むだろう。皮を引いて三枚に下ろしてから、腹骨をそいで平造りにする。ワタとエラをとった岩魚の背と肩にナイフで切れ目を入れ、前歯を使うとかんたんに皮を引くことができる（カバー写真）。身は薄造りのように斜めに薄く切ると、小骨が切断されて旨味が増す。刺身をワサビ醤油につけこんでから御飯にのせたイワナ刺身丼もいける。

アラは骨揚げにしたいが、焚き火で揚げ物は難しい。網にのせたり、半端に割った竹に挟んだりして焚き火でパリパリになるまで焼けば、骨揚げと同じくスナックのように食べられる。

刺身以外ではもちろん塩焼き。焚き火でやると塩焼きも燻製臭くなるが、それが旨い。ちょっと高級になるが、ムニエルもまた絶品である。皮をむかずに三枚に下ろして、塩・胡椒して少し風に通し、ニンニクを軽く揚げて取り出したら、皮から焼く。小麦粉をまぶさなくても充分旨い。火がとおったら、取り出してあったカリカリのニンニクをのせて食べる。バターがあると高級感が増す。油とフライパンが必要だ。

ワタはニガリ球を取り除き、胃の中身を綺麗に洗って、ゴマ油と醤油でモツ焼きにする。味噌汁の具にしてもいい。卵は醤油漬けにしてそのまま食べる。

岩魚を焚き火で燻製にする場合、火の当て方と時間の長さにより大きく三種類に分けられる。一、汁っ気の多い塩焼き、二、しっとりとした燻製、三、カリカリの焼き枯らしである。それぞれに違った味わいがある。肉汁をすすりながらかぶりつく熱々の塩焼きには一日が無事に終わった喜びと渓の恵みへの感謝があり、太陽の下、行動食として食べるしっとり燻製は周りの風景と生気を奪われた岩魚のアンバランスさのため、生命への感傷が湧いてくる。カリカリになったミイラのような焼き枯らしは芸術作品の趣だ。食べるのがもったいない。カリカリの岩魚はダシとしても一級で味噌汁や炊き込み御飯に使うと旨い。最初はダシの存在感がきつく、やや生臭く感じるかもしれないが、二回も食べれば病みつきになる。

塩焼き、燻製、焼き枯らしを作るには、串に刺して、焚き火の側に立てておく。串はそこいらにある枝や竹でいいが、地面が河原だとどうしても倒れたりずり落ちたりするハプニングが頻発する。僕はまとまった数を燻製にする場合、凧糸の輪で尾ビレの部分を徳利結びで縛りあげ、三脚のように焚き火の上に組んだ生木に吊り下げる方法をとっている。針金があればフック状にして尾ビレの根本に刺し、吊り下げてやれば簡単だ。

ちなみにヒキガエルは、皮をむくと、毒腺から出た毒が肉につくので、よく洗い、内臓を出して塩・胡椒する。カエルは内臓を出してもまだ歩く。痛々しいんだかうす気味悪いんだか微妙なところだ。塩・胡椒して足を凧糸で縛り、焚き火のそばにつるしておけば、おみやげにも喜ばれるカエルの姿干しができあがる。

米炊きは、夕食の三〇分ほど前にはじめれば間に合うが、少々早くても焚き火の近くで蒸らせるので、適当にはじめてしまう。

米炊きの基本は、米の三割増しほど水を入れ、強火で沸騰させ、沸騰したら少し火から離し、水気がおおよそ飛んで焦げる直前に火から下ろし、蒸らす、というもの。それほど難しいものではないが、焚き火の勢いや、天候、米の量などで、水加減や火加減、時間などに多少気を遣わなくてはならず、そのあたりに人それぞれのこだわりがある。野外活動を志すものは、焚き火で米をうまく炊けてこそ一人前という暗黙の了解がある。しかもアウトドアマンは食通を気取るうえに、自分のやり方が最高だと信じている。


谷間はすでに日陰になり、見上げると山の上部にだけ暖かそうな柔らかい光があたっている。岩魚と行動中につかまえたカエルを下ろしているうちに渓は光を失っていき、ろうそくに灯をともす。岩魚の刺身、ワラビのおひたし、ウド炒めとミズの味噌汁に米五勺《しゃく》（半合）がろうそくの頼りない明りに浮かび上がった。

作るのは一仕事の夕食も、食べはじめればあっというまに終わってしまう。

焚き火を大きくし、周りに岩魚とカエルを吊して並べる。初日に燻製を確保するのは重要だ。岩魚の燻製は保存の利く行動食であり、おかずであり、味噌汁の出汁でもある。カエルはおやつ専用だ。燻製の世話などに気を取られているうちに暗闇が背後にせまり、闇の支配とともに沢の音が大きくなっていく。

だが、その燻製作りをじゃまするように、ぽつりぽつりといやな音がしはじめた。急かされるように散らかったものを片づける。雨粒がタープや木の葉にあたるテンポはどんどん速くなっていく。焚き火と岩魚とカエルにはとりあえず濡れ新聞をかざして、タープの下に潜りこんだ。雨に叩かれた大地から土の臭いが立ちのぼり、水の細かい粒子が漂ってくる。はじける音はしだいに重なりあって、やがてザアという森全体が発する唸りに変わっていった。

燃料もコンロもなし。テントもなし。食料は米（一日一合）と味噌と基本調味料のみ。電池で動くものは携帯しない。地図は五万分の一地形図。ルート上に登山道を極力入れない。装備は基本的な服装に、ザック、雨具、渓流足袋、サンダル、帽子、包丁、ノコギリ、鍋、タープ、ろうそく、古新聞、シュラフ、シュラフカバー、ライター、三ミリパワーロープ、メタ（着火材）、釣具、コンパス、テーピング、必要があるときは、登攀用ベルトとロープ。

一週間ほどの山行なら、全装備・全食料が三五リットルのザックに余裕をもって収まってしまう。森の命を食して生きようというなら、危険や不快に身をさらし、森の糧になるかもしれないリスクを背負ってこそフェアといえる。そうすることで、ゲストからケモノへと近づける。

米ではなく、自分で育てたジャガ芋でも持っていたら登山に占める自分の割合がもっと増えるだろう。タープ、雨具も頻繁に移動しないならカットすることもできる。しかし、自給自足は手段であり、登山が目的だ。だからゴアテックスという近代装備も（引け目を感じながら）荷物に加えている。

「どこまでも自分の力で山に登ってみたい」というシンプルな欲求に、素直に、そしてややむきになってこだわったスタイルだ。食料も、火も、寝床も、自然の恵みを利用して、ケモノのように山を歩く。九九年に独りで南アルプスで試して以来、僕はいろいろな場所でサバイバル山行を実践してきた。八幡平の五日間（単独）、白神の十一日間（三人）、下田《しただ》川内《かわち》での四日間と六日間（どちらも単独）、南会津の一週間（三人）、魚野川の四日間（四人）、黒部の上ノ廊下四日間（三人）。週末だけの岩魚釣りなら数えきれない。思えば最初の南アルプスで、僕が岩魚を釣れずに飢えているのに、テンカラ釣り師がたくさんの岩魚を釣り上げて、ごていねいにも放流していた衝撃から、クライミングに割くべき多くの時間を岩魚釣り修行に費やしてきた。山登りの経験と体力を動員して、釣り師がとても来られないような山の奥深くに入っていき、尺上クラスの岩魚を何本も上げることができた。

雨になすすべもなく、タープの下で身を縮めている自分が楽しかった。この森にいるすべてのケモノたちが同じように丸くなっているのだろうか。岩魚は雨で川に流れ落ちた虫たちを、嬉々として飲み込みつづけているはずだ。

文明品を排除してもっとも不便で切ないのはやはりヘッドランプである。文明排除といっても雨具はゴアテックスで、ナイロンの袋やロープ、ライターなどいろいろ自分では作り出せないものを携帯している。しかし、それらの道具は昔からの人々の生活の延長にあり、機能は落ちても似たような物は作り出せる。でも電気製品は次元の違うものだ。電池の起電力がなくなったら、見た目がまったく変わらないのにゴミになる。そこに電気製品の貧しさがあらわれている。

ろうそくでは数メートルしか明るくならず、さらに暗闇が意識されるだけだ。暗闇はいつも怖いが、闇を恐れる感覚は嫌いじゃない。それは生の本質に内在する警戒心にほかならない。生きている証拠である。

夜の始まりには地球の自転に思いをはせる。あと一〇時間。あと一〇時間もすれば地球がぐるりと回って逆側から日が昇ってくる。それまでどうか決定的なアクシデントが起こりませんように……。

雨の音を聞きながら横になって、いつのまにか眠っていた。目を覚ますとタープをたたく雨音はなく、のそのそと這い出して薪をくべ、岩魚を整える。谷間から見上げる狭い空に星が散らばっている。雨よけの新聞が熱反射板の役目を果たし、上物の燻製ができつつあった。小便をしてふたたびシュラフに潜った。

岩魚釣り

川の幅は一〇メートル。本流に降りた僕は釣り師の目で川を観察する。雪代が入り込んだ水はわずかに白く濁っている。ここではチョンチョン釣りは役に立たない。そもそもあれは子供っぽくて気品に欠ける。長い仕掛けを振り込んで流す本流には、いかにも釣りという風情と雰囲気が漂っている。歩きながら集めていた虫のなかから、迷わずイモ虫を選びだす。ハリを刺そうとするとイモ虫が身をくねらし、プチッとハリが入る瞬間、小さなうずきが体を走る。

竿を振り、深みに仕掛けを送る。イモ虫は比較的重いので、ポイントを狙いやすい。川の速さに合わせて仕掛けを流す。水流のすぐ上をオレンジの発泡目印が移動していく。仕掛けに念力を送り込むように目印を凝視する。いまこの瞬間にも大物がググッとくる、なんてことを平気で信じつづけられる人間、それが釣り人だ。

竿を握る手にメジロアブ（吸血アブ）がとまる。ブルッと小さく腕を振って、メジロを牽制しながらも、目印の動きから流れのなかのエサの動きを想像する。いい流れ、釣り用語で言う「食い筋」に乗っている。いるなら食わないわけがない。目印が不自然に揺れる。アワセたい衝動を一瞬こらえたつぎの瞬間、小気味よく竿を立てる。

竿が丸く絞られ、イトがビーンと鳴り、渓流魚の生命力がイトを通して伝わってくる。こいつはでかい。あわ立つような感覚が内臓と背中を駆け上がり、街で釣り仲間に釣果を自慢する近未来の映像が一瞬頭をよぎって消える。

岩魚は一尺三年といわれる。僕の仕掛けに食いついて暴れている岩魚も、この渓で生まれこの渓を上下しながら、三度の夏に流下してくる虫を食べ、三度の冬を淵の底でやりすごし、大きくなってきた岩魚である。その岩魚が今、僕がハリを仕込んで流したイモ虫に食いついたのだ。そして食いついたエサの異変に気がついて、流れのなかで身をくねらし、自分の自由を奪おうとする口に引っかかったなにものかを振り払おうと暴れまわっている。

岩魚の口に引っかかっているのは僕の意志だ。水中から人が住む地上に岩魚を引きぬいて、殺して食べるという意志である。仕掛けの先端で不規則に躍動する岩魚、イトと竿を挟んで反対側の端には僕がいる。予測不能な岩魚の動きを竿のしなりで受け止めながら、微修正を加える体に、小さな命を獲得する興奮が膨らんでいく。一方的な弱肉強食。それが生きるということだ。

意志と小さな偶然が重なり合って僕はここにいる。複雑な迷路を辿るようなその行程を説明するのは難しい。だがその結果として今、竿とイトで二つの命がつながっている。魚と自分をイトでつなぐことで、釣り師は自分の命を魚に映し出している。ロボットに岩魚は釣れない。岩魚の生命感は僕が生きている証《あかし》しなのだ。

慎重に手前に寄せ、川原に引っ張りあげて一息ついた。天の恵みの尺岩魚。僕は独りでにやけている。

かつて岩魚は渓流のウジといわれ、日本の渓にはいくらでもいたらしい。山人が沢の水をすくって顔を洗おうとしたら手のなかに飛び込んできたという話もある。しかし開発につぐ開発で山河は荒れ、その山を住処《すみか》にする岩魚も、野生種はほんの一部の山奥でしか見られなくなってしまった。いまでは岩魚は原始の象徴にまでなっている。

そのため渓流釣りではあこがれの対象魚とされている。しかし実際は山奥で泳ぐ、ヒトと釣りバリをよく知らない岩魚を釣りあげるのはそれほど難しいことではない。はじめて深い山に入って五本あげれば自分を釣りの名人かと驚き、一〇本あげるころには、純朴な少年を騙しているような罪悪感に包まれることになる。

「サバイバル」といっても、僕らの命を奪おうとする意志をもった何者かが、山のなかにいるわけではない。一方、岩魚は僕らに命をつけねらわれるうえに、反撃の手段はなく、逃げるか食われるかの二通りしかない。人間は生粋のプレデター（捕食者）である。森に住む岩魚を食料とするなら、せめて山のなかで自分に課す負担を多くして、心のなかで岩魚を殺生することを正当化するしかない。負担とは、食料や装備を持っていかないサバイバルであり、ソロであり、長期であり、毛バリであると僕は考えている。

岩魚釣りそのものは、状況によって難しいこともあれば、北海道のように葉っぱをハリにつけても釣れてしまうこともある。要は仕掛けの一部であるということを気づかれないように、岩魚の目の前に日ごろ岩魚が食べている物や食べている物に見えるものを流したり落としたりしてやればいいわけだ。岩魚釣りはこれ以上でもなければ以下でもない。といったことを首尾よく行なうために竿やテグスなどがある。

仕掛けは、五メートルくらいの竿と一号半前後のミチイトが標準。ハリはやや大きめのほうが掛りがよく七号から八号くらい。小さなイモ虫などを使う場合、ハリは小さいほうがいいこともある。イトはさほど気にすることもなく通しでよい。仕掛けの長さは竿よりやや短めが使いやすい。それ以上のこだわりは趣味の範疇になる。渓が大きい場合は目印やオモリがあったほうが釣りが安定する。苦労しなくては釣れないところで粘るよりは、山の奥まで入るほうが釣果は多い。岩魚は足で釣れといわれるゆえんである。

釣りではなく、漁（食料調達）の場合、チョンチョン釣り（チョウチン釣り）が効率的だ。チョンチョン釣りとはブッシュに覆われた谷や流れの細い沢の源頭で、長い竿に短い仕掛けをチョウチンのようにぶらさげて、遠くからピンポイントで岩魚の前にちょんちょんとエサを落としてやる方法をいう。味わいに欠けるが、源流部で行なう場合はとくに、時間、労力の効率がいい。チョンチョン釣りは竿先でイトがぴょんぴょんして絡みやすいので、天井イト（仕掛けの竿側に付ける太いイト）を使う。エサの代わりに毛バリをつけても釣れる。

エサは渓に流れている虫なら、川虫、羽虫、イモ虫、甲虫、蜘蛛、ミミズなんでもよい。釣具屋で売っているブドウ虫やミミズを買っていけば、エサにまつわる面倒は少ないが、季節の移り変わりを感じながらエサを探す楽しみを逸してしまう。お金で解決しようとする姿勢もフェアではない。サバイバーとしてはせめて近所の空き地でミミズを掘るくらいにとどめたい。

食いのいいエサに関しての議論に結論はなく、イモ虫派、トンボ派、バッタ派などに分かれる。なかでもブナの木につくイモ虫のブナ虫は、成長して皮が厚くなったものはエサ持ちがいいため「ブナ虫一匹、岩魚三本」といわれる高級エサだ。もっとも岩魚の嗜好（なんてものがあるならそれ）よりは、時期に応じた自然なエサに違和感をもたずに食いついてくるようだ。初夏はイモ虫、秋はトンボといった具合。これは毛バリにもいえ、この考えを推し進めたのが、フライフィッシングのマッチザハッチ（羽化合わせ）である。そのとき羽化《ハッチ》している羽虫をよく観察して、その虫に近い毛バリを選択するというスタイルだ。アメリカの国立公園・イエローストーン中流域の神経質なマスは羽化中の虫に似た毛バリにしか反応しないといわれる。ところが、生きる伝説のテンカラ釣師・瀬畑雄三はフライフィッシングの聖地・ヘンリーズフォークリバーに赴いたとき、テンカラ竿とテンカラ毛バリで、かなりの釣果をあげたという。瀬畑曰く「マッチザハッチなんか関係ない」とのこと。日本の職漁師たちは年中同じ毛バリで釣っていた。あんまり気にしなくていいのかもしれない。

そのテンカラ（和式毛バリ）だが、この釣りは渓相、時期によってはエサ釣りよりも効率がいい。美しさ、優雅さ、躍動感をあわせもち、行為そのものに陶酔できる。日ごろ岩魚が食べているものにハリを仕込むエサ釣りは、仁義を欠いた騙し討ちの感があるが、毛バリは「食いついたお前が悪い」と言いきれる。してやったりという快感はエサ釣りを凌《しの》ぎ、生命を奪うことの引け目も少なく、よりフェアである……とは、やはり釣る側の勝手な思い込みだろうか。

テンカラの西洋バージョンがフライフィッシングである。水に落ちたラインがテンカラ以上に水流に引かれるため、毛バリにドラッグ（不自然な力）がかかりやすい。マス類はたとえ大好物でも、自然に流れていなければ流下物とは認識しないといわれている（実際には食いつくことも多い）。さらにフライはキャスティングが複雑で、振り込むのに時間と労力がかかる。道具がいちいち高価なうえに、準備も片づけも面倒が多く、テンカラに比べると山釣りの手段としてはマイナス面が多い。ロングキャストができるのが唯一の強みだろうか。ただ、難しいということはフリークライミングやテレマークスキーと同じく、自分を高めなければ成果がでないということでもある。結果に含まれる自分の功績が高いともいえるので、自分の力にこだわる僕は、一時期好んでフライフィッシングを行なっていた。いまでも、毛バリ作りは雨の週末の大切な娯楽である。

渓流魚は案外簡単に手づかみもできる。「岩魚を手づかみした」というと、泳いでいる岩魚を掴んだのかと驚かれるが、そんなヤマセミやクマがやるようなことを愚鈍なヒトにできるわけはない。浅瀬にいる岩魚が人の出現に驚いて岩の下に隠れたのを確認し、逃げ込んだ岩の下に静かに手を入れてつかまえる。

手づかみ漁の首尾は魚が逃げ込んだ穴の形状や深さによる。状況によっては釣るより高い確率でつかまえることができる。ときには肩まで冷たい水につかって、岩魚を追い込み、下からゆっくり押さえてゆく。エラのあたりを押さえるのがよく、ぬるぬると滑るので、一度摑んだら握り殺すくらいの気持ちでないと逃げられる。そう簡単に岩魚は死なない。

手づかみは地形を選ぶので普遍性のある漁ではないが、釣りと違って道具を使わない分、自分の純粋な能力で捕まえたすがすがしさに浸れる。行動中に簡単にできるのもつかみ取りの利点だ。

渓流には魚止めの滝と呼ばれる滝がある。それ以上岩魚が溯ることができない滝のことをいう。本流最初の大きな滝に「魚止めの滝」という名前がついていることが多いが、実際には山人が続けてきた放流で大きな滝上にも岩魚が生息していることが多い。山人が岩魚を上流にあげてきたのはタンパク質の確保のためと民俗学の世界では分析される。だが、ある田舎に住む釣り好きの知人は「たんに自分の働く山の流れに岩魚がいないよりいたほうがいいからだよ」と、もっともな理由をつけたがる学問を笑っていた。僕も知人の言いぶんが正解な気がする。

ヤマセミが滝の淵で魚をとらえ飛び上がったものの、飲み込むまえに滝の上に落としてしまい、そのくり返しが魚止めの滝を上流へと上げてきた、というのは山旅派の釣り師が好んで語る（ホラ？）話である。数千年、数万年という単位で考えたら、ありえないことではないし、実際にある釣り仲間は魚を捕らえて飛び立ったヤマセミが、離れた場所で魚を落とすのを見たことがあるという。なかにはヤマセミが生活環境を広げようとして意図的に源頭放流しているにちがいないとロマンチックな持論を主張する者までいる。

魚止めの滝が上流に移動することで、本来魚止めだった滝が海から戻ってくるマスだけを止めるようになり、「マス止め滝」と呼ばれるようになることもある。だが現在、ダムなどの人工物に遮られ、もしくはたんに汚れて下流に渓流魚が住めなくなり、海からマス止めの滝までマスが遡上してくる川は本州にはほとんどない。いまでは「マス止め」という言葉は「こんな所までサクラマスやアメマスが海から上がってきたのか？」という驚きと哀惜を引き出すだけの存在になってしまった。

魚止めと思われる滝の下で竿を出す。魚止めに住むのはそこまで溯る力をもち、上流から流れてくるエサを独り占めできる魚である。そこより上には魚はいないわけだから、上流域すべての流下物を得ることになる。そのため渓の主のような大きな岩魚に成長する。そう思って眺めると淵をゆっくり回遊する大岩魚が目に見える気までしてくる。ドキドキしながら、エサをつけて振り込むと、スッとエサが持っていかれる感覚が竿から伝わってきた。

いつものように一呼吸おいてから、小気味よく竿を立てる。グンと抗う手応え。だが、振動の幅がやや小さい。雀は細かく羽ばたくが、鷹はゆっくりとしか羽ばたけない。それと同じように、魚も大きさにより身をくねらすテンポに違いがある。小さい魚はピチピチ暴れ、大きくなるとビトンビトンと暴れる。探るように竿を立てると、主というにはあどけない七寸くらいの岩魚が体をくねくねさせながら飛び出してきた。

綺麗に燃えて白くなった焚き火を棒で掘りおこし、細い薪をくべるとゆっくり煙が上がりはじめる。さらに薪を積み、その上にお茶用の鍋を置く。オキが残っていれば、放っておいても火はあがる。米を軽く研いで、まだ炎が出ていない薪の上に置いてしまう。あとは、焚き火の横で山の朝に浸っていればいい。

渓流の朝に鳥の声はあまりしない。朝の湿った森の匂いと土の匂いに煙が混じる。羽虫たちが飛んでいるのか飛ばされているのかわからない弱々しい姿で、渓を降りる風に流されてゆく。焚き火から上がった煙がそれを追い、木々の隙間から差し込んだ朝日が光の柱を作っている。

入山翌日は疲れが微妙に残り少しだるい。またこんな生活を何日もくり返すのかと思うと、ウキウキしながら計画した過去の自分がすこし恨めしくなる。日にちがたつにつれ、体は山の生活になじんでいく。

火が上がって湯が沸き、お茶を飲んだら、朝食。炊きあがった米と、一晩煙にかけていた岩魚の燻製一本。ウルイとミズもある。

昨夜の雨で湿気を帯びた空気が、渓の流れに冷やされて霧となり、流れの上を低く漂っている。水温が低いと思ったら、案の定、狭いゴルジュを埋めたスノーブロック（雪渓の残骸）の群れに行き当たった。その先で大きな雪渓が膜のように谷間を覆っている。見上げる雪渓には亀裂が入り、崩壊するタイミングを待っているかのようである。ゴルジュの側壁は雪崩に磨かれた一枚岩になって山肌を駆け上っている。雪渓の上にあがることも、山の斜面に逃げ上がることもできそうにない。

状況をぐるりと見まわしてから、暗い雪渓の下にもぐり込んだ。

暗くて足元がよく見えず、よろけて岩に手を突いた。岩がごろりと動いて息を飲む。どんなものでも刺激は無用だ。雪渓が安定しているのか、崩壊のきっかけを待っているのかは誰にもわからない。心臓の鼓動さえももどかしい。

雪渓を抜け、太陽の下に出る。呼吸が乱れ、足も微かに震えている。これでもう戻れない。自虐的なあきらめがすこし強まった気がする。

雪渓地帯を越えると、いよいよ沢は高度を上げはじめ、滝が出てくる。すっきり登れない滝はブッシュに入って迂回する。滝登りは渓の楽しい要素だが、サバイバルでは、渓をつないで森に生かされながら旅することが目的なので滝の登攀にはこだわらない。

高い岩に囲まれた一〇メートル弱の滝を大きく巻き、下降路を見いだすべく側壁をブッシュ頼りに下降した。こんなとき、体に突然、熱い激痛が走ることがある。地バチである。

地バチとはクロスズメバチのことだ。地面に穴を掘って巣を作るためそう呼ばれている。なりは小さいが名前のとおりスズメバチの一種で毒も強い。沢登りでは、地中にある巣に気づかずに近づいてしまい、刺される被害は珍しくない。かつて北アルプスの双六谷で地バチの巣穴そのものを踏んづけたことがある。一瞬で三カ所刺され、体中に湿疹が出て、その日の行動は打ち切りだった。もしハチの毒に激しいアレルギー反応を起こしたら呼吸困難に陥《おちい》って死亡することもあるらしい。

僕は無線も携帯電話も持っていない。いざというとき街と山奥の距離を無にする通信機器は、自由な感覚や、自分の力が試される瞬間を奪い去ってしまう。本来の山登りには不要なものだ。ハチに刺されて死ぬ自由も重要な登山の一部である。

つねに腹が減っているが、渓谷をとくに問題もなく溯っていく。途中雪渓があり、その横に若いウドが群生していた。飛びまわるアブを手で払いながらしばしウド摘み。ウルイがあればちぎってかじる。

味だけを取り出せば山菜はそれほど旨いものではない。春の山菜のどれを取っても春の野菜で僕がもっとも好きなソラマメにはかなわない。だが、自分の足で歩き、自分の知識や舌で発見し、自分の手で採集し、生野菜が貴重な山奥で口にする一期一会に、溯行の緊張と街への感傷とたんなる空腹が絶妙なバランスで解け合ったとき、お金と交換に手にいれて食べるときには感じない鮮烈な一撃が食べる者を打ちのめす。それは泣きたくなるような衝撃であり、ときにはほんとうに涙が滲《にじ》んでしまうことがある。舌だけの味では都市流通に乗った野菜にまけても、五感をすべて使って味わうとき、山菜の味にかなうものはない。

まだ登山に向かう気持ちのなかに「登」が強く「山」に目を向けていなかった鼻たれのころ、劔岳の山スキー中に水を取りにいって、水場の横でネギのようなニラのような見るからに旨そうな草を見つけた。匂いは絶品、かじってみたら味も最高で、それ以来見つけてはぼりぼり食べていた。それに「ギョウジャニンニク」という名前があることを知ったのはそれからずいぶんあとのことである。コゴミも、ゼンマイやワラビとは何かを知らず、自分ではどちらかを食べているのだろうと思って、生で食べていた。
ギョウジャニンニクやコゴミをだれかに教えられることなく発見したことに誇りを感じている。そうやって食べられる山菜を見つけたのが自分の能力だと勘違いし、目につく食べられそうな新芽を口にいれて、何度も痛い目（苦い口）にあってきた。その経験から、舌とは旨い・まずいを判断するものではなく、本来は「食べられる・食べられない」を味わい分けるための器官ではないかと考えるようになった。見分ける、聞き分ける、嗅ぎ分けるという言葉はあっても、なぜか味わい分けるという言葉はない。

食べられるものは旨い。食べられないものはまずい。舌をそんなシンプルな道具として使いうることは生命体としての喜びである。体がそのとき欲している栄養素を旨く感じるのも、山に長く入ったことがある人なら体感したことがあるはずだ。長い冬山のあとは炒め物や生野菜が妙に旨い。サバイバル登山とは自分の体が隠しもっている能力に出会う機会でもある。

白状すれば、山で調達できる山菜について、いにしえの山人のように精通しているわけではない。ただ、南アルプスのソロサバイバル当時から比べれば、登山の食料として使用できる山菜の知識はずいぶん増えた。

焚き火では火力が安定しないことと、油を大量に消費することから、長い山旅では天ぷらがやりにくい。揚げるという手軽なアク抜きができないと食べられる山菜はかぎられてくる。しかも現地調達の山行は忙しい。下処理に時間がかかる山菜はおのずと敬遠することになる。

それほど手を加えずにシーズンを通して食べられるサバイバル食として、僕がよく利用する山菜は以下のとおりである。

「ミズ・ミズナ・ウワバミソウ」

渓ならかならずと言っていいほど見つけられ、アクもなく、生でも美味しく食べられ、手軽に料理できる。間違いやすい毒草もなく、サバイバル山菜の大衆食堂といえるだろう。消化もよい。沢筋や水の滴るようなジメジメしたところに群生する。茎と根茎を食するが、葉も食べようと思えば食べられる。根ごと抜いてよく洗って、根と根茎の部分を包丁や棒などでよく叩くと粘りが出る。そこに味噌やワサビ醤油を混ぜた「ミズとろろ」は旨い。茎はそのまま炒め物に入れるか、ゆがいておひたしや汁ものの具にする。秋になるとムカゴをつけるので歩きながら口に放り込めば行動食にもなる。

「フキ」

これもどこにでもあるうえに、見間違うことはなく、秋口まで長く食べられる。茎から筋をとり、茹でて水にさらし、醤油をかけて直接食べる。味噌汁の具にもなる。葉は皿や雑巾《ぞうきん》、手ぬぐい、包装紙の代わりなど、生活にも使い勝手がいい。通り雨のときに焚き火に被せて雨よけ、岩魚を包むと防腐剤になり、包んだまま焚き火に入れると蒸し焼きのホイル代わりにも使える。

「コシアブラ」

春の食べごろのときはツルリとした独特の木肌とひょろりとのびた枝が目印だが、葉が開いてくると独特の葉のつき方で簡単に判断できる。掌状複葉が五枚出て、葉は大きくなると二〇センチにもなる。摘まんでもんでみるとタラ、ハリギリなどと同じ、おいしい山菜のアクの匂いがする。夏でもその大きな葉を刻んで油で炒めると、口当たりが悪い大葉の天ぷらみたいになる。焼きめしの具にもできる。

「ウド」

春は太いのを土中の根本から切ってきて洗い、土中にあった根元の赤白い部分の皮をむいてかじる。ヤニの香りとほのかな甘みがマンゴーを彷彿《ほうふつ》とさせる、と僕は思うがあんまり賛同は得られていない。春の出はじめの小さなウド、夏なら雪渓近くで出遅れたウドの若芽は、ゴマ油と日本酒と醤油で炒めると絶品。サバイバルの場合はゴマ油と塩と醤油と少量の水と一緒に鍋にいれて、蒸し炒めにする。夏の大きくなったものは皮をむいて芯だけなら、キンピラのようにして食べられる。

「ウルイ」

サッとゆがいて、おひたしや、汁物の具にする。生でかじってもOK。出はじめかつ太いものが旨い。毒のあるバイケイソウやコバイケイソウと間違えた中毒事故が毎年何件か報告される。どちらもじめじめしたところに群生し似ている。抜いてみるとウルイは根本に粘りがあってタケノコのようで、バイケイソウ類は白く葉が密に詰まっている。


草の生えている斜面をじっと見ていても山菜はなかなか見つからない。山菜取りに慣れている人の頭には、それぞれの山菜のシルエットと生えている場所の条件などがインプットされている。目に入る草をひとつひとつ確認するのではなく、あそこにはこれがありそう、と予想を立てて探すわけだ。だから正確で早いのである。それはクライマーが岩登りに慣れてくると支点を見つけるのがうまくなるのに似ている。ルートを追うときクライマーは自分ならどこに支点を打つかを考えている。予想しながら見ていくので、素人より断然早くラインを見いだすことができる。

達人の域になると、林道を車で走っていても、つぎつぎと山菜を見つけていく。「いまウドがあった。今度はタラの木があった」と手品のようだ。

だが経験を積めば、何種類かの山菜の形や特徴を意識の裏につねに保持しながら歩くのは、難しいことではない。

思考をくすぐるように視界の端をかすめた気になるシルエット。立ちどまるとミズが小さなムカゴをつけている。「もうそんな季節か」と思いながら、ムカゴをしごくようにむしりとり、つぎからつぎへと口に運ぶ。ちょうど奥歯と同じくらいの大きさのムカゴは軽い嚙みごたえを残して砕け、口の中で粘りけを増していく。ムカゴの水っぽい青臭さを楽しみながら上流をうかがい、そろそろ泊まる場所を見つける時間だなと思う。

単独

微かな鳥のさえずりで目が覚めた。

夜明けのさらにそのすこし前、世界は鈍い青色をしている。そして日が昇るにつれそれぞれのものがすこしずつ色を取り戻していく。僕はこの瞬間が大好きだ。世界の着色化を眺めながら、焚き火をおこしなおし、ひとり静かに朝食を作る。

なんともいえない空の色は、惜しむ間もなく変化していく。今日もまた晴れそうだ。

焚き火は大きくなり煙はタープのほうに流れていく。体はサバイバル山行の生活パターンに慣れてきて、気持ちは解放されている。

森のなかの穏やかな流れをゆく。木々の幹は逆光に縁どられ、葉は空を緑の薄い膜で覆っている。疲れたころにザックを下ろし、岩魚を釣る。その場で捌いて、刺身が行動食になる。

つぎの渓へと道のない峠を越える。

摂取カロリーの不足のため体にまとわりつくだるさ、照りつける暑さ、僕の体液を求めて旋回するアブ、ネマガリダケを編み上げるように這っているツルアジサイ。

すぐそこに見えているほんの数メートル先にやっとたどり着き、また同じことをくり返す。さし迫る危険はなにひとつないが、苛立たしいほどの移動速度と、どこまでも広がる低木樹海が淡い焦燥感で僕を包みこむ。意識はさめざめとして、視界のなかの森の緑が鮮やかな輪郭を失うことはない。

下降は源頭スラブを避け、ブナの斜面にルートを取った。ナラタケの群生に出会い、収穫。

渓谷に下り立つと、標高が下がったため、またメジロアブが衛星のように僕の周りを回っている。体力も時間も切れ、河原にタープを張った。

思えば、かなりの長い時間を、ひとり山で過ごしてきた。大学のクラブを引退してから十年間以上、四季を問わず、二、三日の週末山行から、一週間以上の長期山行まで。

山のなかの単独生活を少しでも快適に過ごすために大切にしている個人的心得や不文律はかなりある。かならずしもサバイバルの話だけではないが並べてみたい。

まず、なんでソロなのか。

これにはいくつかの理由が複雑に重なりあっている。気ままなほうがいい、とか、登山を独り占めしたい、仲間と休みが合わないなどが単独行になる理由であり、楽だから、経済的だから、たのしいから、確保してほしいからというのが仲間を求める理由だろう。行くもやめるも自由気まま、月明かりがあれば夜中も歩き、よさそうな草原に出くわしたら昼前でもテントを立てる。これは単独行の利点だ。僕の場合はあえて厳しい状況に自分を追い込むとか、ただ格好いいと思うからという理由でソロを選ぶこともある。

ロープを結び合うパートナーがいれば登攀システムは単純で安全になり、荷物も軽くなる。判断に迷ったときも相談できる。美しい風景に出逢ったときには喜びをわかち合える。たった一人ですごい風景に出逢ってしまうのは寂しいものだ。「すごいな」と一声かける相棒がいて、うなずきが返ってくるだけでずいぶん救われる。人間をひとつの装置と考えたとき、パートナーがいるということは、感覚器官、運動器官、中枢器官が倍になり、その効果はかなり高い。これらが仲間と行く利点だ。

だが、よくよく考えてみると、そういう長所短所を分析して、単独かパーティを組むかという最初の選択をしているのではないことに気がつく。その山行が自分にとってどういうものなのか、というところでスタイルはほとんど決まっている。「あそこに行ってみたい」と夢見た時点で登山はゆっくり始まり、そのときすでに単独なのか、仲間と行くのか、仲間と行くなら誰なのかは、漠然と決まっているわけだ。僕の場合、自分ひとりで温めつづけた計画は必然的に単独行になってしまう。とくに長期山行の場合はそうだ。考えれば考えるほど、その山行に入れ込んでしまい、パーフェクトに仕上げたくなってしまうからだ。僕にとってソロとは完璧なる完成の条件であり、最後のピースなのだ。独りで登らなくては意味がない登山は、どうやったって独りで行かなくてはならないのである。

つぎにどこに寝る（住む）か。

まず安全なこと、平らで、寝転がれるほど広いこと、できれば、水場が近くに確保されていて日当たりがよく乾いていること。この五つの条件をこなしていれば、他（眺めがいい、下地が柔らかいなど）は付属みたいなものだ。泊まり場は魚止めの下というのも付属だが、飢餓時には最優先事項になったりする。

いい泊まり場が快適なのは誰でもわかっている。だが好条件を備えていても、それを探したり作ったりするのに、得られる快適以上の労力を使ってしまっては意味がない。五分の努力を惜しんで、一晩中寝苦しい思いをするのは無能である。効果の大きい小さな努力は惜しみなく行ない、効果の小さい大きな努力はすべきではない。「悩んだらやれ」というのが僕の信条。これは夜中に尿意を覚えた場合にも当てはまる。泊まり場の整地はテントや寝床を広げてしまってからではやりにくいので、最初に充分やっておいて間違いない。

沢では増水のことを考えると、高台に泊まりたい。経験が少なかったころは、増水を過剰におそれて、高台の藪のなかに泊まった。いまでもサバイバル登山では、どんなに雨が降っても無事に朝を迎えることができる藪の台地を好む。落ち葉のつもった森も快適だ。よく乾いていればマットなしでも暖かく過ごせる。だが、落ち葉は表面が乾いているように見えても、水分が多く、靴下で歩くと腐葉土の水分で濡れてしまうことが多い。裸足では破傷風の危険がある。

週末山行なら、近ごろは河原で寝てしまう。水が近く、藪がなく、スペースは広く、土で汚れないので、生活は河原のほうが快適だ。河原の生活では、食器や食べ物の上をまたがないほうがいい。足についた砂があたりに降り注ぎ、あとで砂を噛む思いをすることになる。

一般に山では危険と不快とを天秤にかけることはできない。不快を犠牲にしても安全を取らざるをえない大自然のことわりに身を置くことが登山だからだ。だが、危険に対する認識には個人差がある。沢で過ごす夜が多くなると、ゆるぎない安心を求めて藪のなかのささやかな不快を引き受けるより、ごくたまに襲われるかもしれない大きな危険に身をゆだねながら、河原で過ごす危うさも登山の魅力のような気がしてくるのだ。攻撃的な方法はリスクもあるが、うまくものにできればトータルな登山の出来高は高くなる。

山でもっともやっかいなのは風である。風は静かに降る雪や雨の何倍もの力で人の生命力を奪いさる。テントの中にいても、一晩中強風に叩かれていると、かなり応えるものだ。登山道をゆく山旅で、風が強いのにその日の幕営地の標高が高く、吹きさらしなら、多少無理することになっても行程を延ばすなり縮めるなりして、風の影響のないところに幕営地を変更したほうがいい。

先がどうなっているかわからない沢のなかで、昼過ぎにまあまあいい泊まり場を見つけてしまうと、行くべきか泊まるべきか悩むところだ。その山行の目的と、それまでの出来高、疲れ具合などさまざまな要因が泊まり場の決定に絡んでくる。マニュアルはない。それまでの行程を思い起こしながら地図を見て、目の前の幕場をパスしても、その先にいい所がありそうか、否か。あとはギャンブルだ。これも山登りの楽しみである。個人的な経験では、迷ったときは進んでおいて損をすることはほとんどない。

何に泊まるのか。

体感温度が同じでも、ごろ寝よりはシュラフに入ったほうがよく眠れるし、タープよりテントのほうがよく眠れる。空気の動きに放熱が関係するのだろう。閉鎖された空間に感じる安心感は、遺伝子に組み込まれているようだ。逆にタープの魅力は解放感にある。そして絶対的に軽い。

世界とオープンに交わるということは、害虫たちとも交流するということだ。虫のことを考えると、タープよりメッシュ付きのテントのほうが快適だ。一晩中、ぷーんという羽音に悩まされるのは大きな苦痛だし、数ミリの虫でもたくさん刺されると、体は消耗してしまう。掻き崩した虫さされがただれてきたらもう、登山欲は萎えてくる。

強くなりたい、そして自由になりたいと思って山に向かっている。だから僕はタープを選ぶ。そして不安な夜に寝返りをくり返し、虫に刺されてイライラし、自分の弱さが情けなくなる。種としては今より弱くても、個人は今より強かった昔の人々のことを思って寂しくなる。だが、暗闇に囲まれて臆病な草食動物のように縮こまっているのが山の夜の魅力なのかもしれない。すぐ近くのどこかで小さなケモノが身体を丸めて同じように寝ているかもしれないと思うと、少しだけ温かい。

一人で山に入るとき、気になるのが荷物の重さだ。

たとえば、一人用のテントは一五〇〇グラムくらいである。単独なら一人で持つのだから、負担重量は一五〇〇グラム／人になる。テントは二、三人用になったところで重さはさほど変わらない。せいぜい二〇〇〇グラムになる程度だ。二人パーティなら一人の担当重量は一〇〇〇グラム／人、三人なら約七〇〇グラム／人になる。これは、パーティに一個しかなくていい共同装備（テント・ナベ・コンロ・ラジオ・ロープなど）で起こる現象だ。人が増え、それぞれの分担を分け合うことで、荷物は軽くなっていく。燃料も一人より数人のほうが軽量化できる。米を三合炊くのに、一合炊く燃料の三倍を使うわけではないからだ。

話はそれるが、やみくもにメンバーを増やしていけば荷物が軽くなるのかというとそうでもない。人が増えればそれだけ、予備や余剰が増えていくうえに、予測不可能な非常事態が発生する確率も増えてしまう。おそらく、登山にもっとも適した人数というのは三人から五人くらいだろう。

人数を増やせば単純に荷物は軽くなっていくが、単独行ゆえに軽くなるものは何ひとつない。あえて言えば、気持ちくらい。気持ちさえも冬の単独となると重いものになってしまう。何でも重くなるので、単独行では、パーティを組んでいくとき以上に軽量化に気を遣う。

大学のクラブを卒業して一人で歩いてみると、大学のワンダーフォーゲル部が持っていく基本装備はかなり保守的で重いことに気がついた。軽くすれば、移動が速くでき、疲れない。登山に工夫する幅も増えていく。予備の装備を持っていくより、道具を作り出すための道具、使いやすいナイフや小さなペンチなどを持ち歩くようになった。新聞紙が防寒具、タオル、ぞうきん、風呂敷の代わりをする。お尻は川か水たまりか雪で洗うようになり、トイレットペーパーが装備リストから消えた。折れたテントのポールを拾ったトタンの切れ端で直し、三ミリのパワーロープが靴ひも、針金、ベルトや眼鏡バンド、その他もろもろの代わりを引き受けることになった。ペグはもちろん木の枝。夏の雪渓を越えるのに股のある木の枝を加工してピッケルに、ハーケンを細引きで靴に固定して軽アイゼンにした。その辺にある物でなんとか工夫する。丈夫なヒモとテーピングが応用範囲が広い。ノコギリとナイフがあれば木でおおよそのものは作り出せる。

もし、一人用の装備を持っていなかったら、テントだけでも一人用のものにするとずいぶん軽くなる。シュラフも化繊から羽毛に換えると、軽くなるうえに小さくなる。荷物が小さくなれば、ザックは小さくなり、歩行時のバランスがよくなって、トータルな疲労の度合いが軽減される。羽毛のジャケットも効果が高い。アルミの鍋をチタンに換え、ガスコンロを最軽量にすれば気分はいいかもしれないが効果はそれほどでもない。しかもチタンは熱伝導が悪く、米が炊きにくいので注意がいる。以上はお金を使う軽量化である。

大学四年の冬に、僕は当時もっとも軽いといわれていたゴアテックスのテントを購入した。四万円。大学生生活最高額の買い物だった。短いバイクツーリングや一泊ほどの単独行ではツエルトを使っていたのだが、住み心地の悪さと鉄製ポールの不細工さ、耐風性能の問題から、長期の単独登山では使えないと感じていた。クラブで山といえばかならずテントに泊まってきたための思いこみもあったのかもしれない。

数年間、そのゴアのテントを使いつづけた。屋久島の藪尾根一週間、奥秩父の沢登り定着一週間、二月の南アルプス蝙蝠《こうもり》尾根、三月の中央アルプス蕎麦粒《そばつぶ》尾根、三～四月の知床全山など。蝙蝠尾根ははじめての本格的な冬期単独行だったため、外張りも併用したが、重いばかりで効果が薄いので、それ以来使っていない。その後、ひょんなことから自立式ツエルトというのを手に入れた。本体とポールで一〇五〇グラム。生地に防水機能があるため、生活していると内側が結露してしまうのが難点だが、軽さと仕舞い寸の小ささに魅せられて、ほとんどの単独行は自立式ツエルトを選ぶようになった。

熊野古道の大峯《おおみね》奥駆道を山岳マラソンのように走ってみたことがある（奥駆だから）。そのときは居住空間のための装備は何も持っていかなかった。避難小屋を利用できると踏んだためだ。中央アルプスや、越後駒ヶ岳周辺、谷川岳周辺などでは、避難小屋をうまく使うことで、荷物の軽い単独行が可能になる。地図を眺めながら避難小屋を起点に一日の行程を区切っていくのは、楽しい作業である。ただ、冬の避難小屋は、雪に埋まっていたり、見つけられなかったり、単純にたどり着けなかったりとリスクがあるので、ツエルトかスコップは持っていくことになる。

単独の継続登攀などではツエルトを選ぶ。居住の快適さより、登攀の安全が優先だからだ。墜ちてしまっては快適もなにもない。とはいっても、不快な生活が登山力の低下を招き、墜落を生むこともある。このあたり、どっちを優先させるかは登山の内容による。よほど攻撃的な登攀でないかぎり、生活のレベルを下げると登山はつまらなくなってしまうと僕は思っている。

テントのない生活が快適か、と聞かれれば、普段の生活よりは断然不快である。でも、軽いは軽い。不快を受け入れる軽量化は我慢部門といえる。とはいっても裏をかえせば、行動中に重い荷物を我慢するか、食住で貧しさを我慢するかどちらかなわけで、我慢する部分を変えているにすぎない。一般的に生活でのほうが我慢を受け入れにくいのは、行動は消耗するもので生活は回復するものだからなのだろう。芭蕉や空海の時代にドームテントはもちろんツエルトもなかった。彼らの報告からは軒下や木の陰でごろ寝していることがうかがえる。登山者も、天気がそれほど荒れないとわかっているなら、小さなタープを張るなりごろ寝するなりで、好きなところで眠ればいい。空の下でのごろ寝と、軒下や橋の下、大樹の影でのごろ寝を比較してみると、屋根の代わりをする物が身体を覆っているほうが、完全解放なごろ寝より疲労回復度は高いようだ。

能力や知識が荷物を軽くしてくれることもある。代表格はフリークライミング能力やアスリートとしての基礎体力を上げることだ。南アルプスのソロサバイバルではクライミングロープを持っていかなかった。フリークライミングの体験から、オーソドックスな沢登りの悪場は、ロープを使わずにこなせると思えたゆえの選択だった。体力を高めることで二泊かかるところを一泊で行けるようになれば、単純に食料と燃料が減る。山菜の知識や釣りの腕も食料を減らしてくれる。こうした軽量化は身ひとつということにつながり、そのままサバイバル登山そのものになっていく。

単独行は、忙しく、つらい。サバイバルになったらなおさらだ。

単独行中に足の骨を折ったらどうするのか、と聞かれることもある。まるで単独行が社会の迷惑であるかのような言いぐさだ。野生動物に「もし足の骨を折ったら……」と聞いたら「死ぬしかないから、そうならないように気をつけています」と答えるだろう。

人間が外界と隔絶された空間で生活するようになったのはつい最近のことだ。それ以前は何百万年もずっとずっとわれわれはみんなサバイバーだった。魚を追い込んだり、虫を捕ったり、木の実を拾ったり、小さな世界で生きていた。小さな世界とは、物理的な意味だけでなく、知的な面に関してもだ。

足を車輪に、心肺機能を発動機に、記憶を電子計算機に。目はレンズ、耳はマイク、口はスピーカー、すべての機械は抽出された能力といえる。人間は生物としての能力そのものを道具として、体の外に出してきた。はた目には人間の力そのものが大きくなったようにも見える。実際に大きくなったのだろう。

だがよくよく吟味してみると、世界と個人の境界線は昔も今も変わらない。僕と世界は一枚の薄い皮膚で分かれている。僕という存在はどこまでも肌の内側に詰め込まれた、内臓であり、血と肉と骨であり、脳味噌でしかない。

山の奥深く入ると、広がりすぎた人間の能力が、すうっと自分に集約されてくるような感覚がある。そんなとき、僕は地球に対して自分がフェアになれたような気がする。登山とは現代社会が可能にしているディフェンス力——現代医療、人権、法律など——を一時的に放棄する行為だと僕は思っている。いま、生き残るために人間の根本的能力が問われるのは登山の世界くらいである。それを体感するために僕は単独行を続けている。

最後の渓流を溯っていく。この山旅の行程も残り少ない。雪代を集め、スケールを誇った渓も源流の小川となり、越える滝の数に比例して水量が減っていく。沢はやがて幾筋もの溝に形を変え、岩の間に水が消え、沢から音がなくなった。

自分の息づかいが大きくなった気がする。

ネマガリタケのトンネルを抜ける。草原の斜面が広がり、稜線を覆う湿原が目に入った。湿原は木道で切り裂かれ、その上を登山者が歩いている。

「美しい登山ができたな」とつぶやく。こころなしか声が震え、世界が眩しかった。

日高全山ソロサバイバル

日勝峠〜襟裳岬　二〇〇三年八月二日から二六日

入山

僕より少し若そうな青年が運転するタクシーは日勝峠《にっしょう》に向かう国道をゆっくり登っていった。世間の夏休みからはまだ早いためか、同年代の登山客を乗せた運転手は、立場のギャップを楽しむように、ときどきちらりとバックミラー越しに僕を見ていた。

「何日くらい山登りをされるんですか」

霧のなか、慎重にハンドルをさばきながら運転手が聞いた。

少し間をおいてから「まあ、ちょっと長くです」と僕は答えた。

「どちらのほうまで」

「どちら、というか南のほうへ」

へえ、と運転手は一人で感心していた。

「このあたりから、長く山登りができるんですか」

できるというかできないというか、と頭のなかで答えながら、僕は「はあ」とため息のような返事をした。

「春先に大雪《だいせつ》のほうから来たという登山の方を迎えに行ったことがありますよ。夏は沢沿いを歩いて登ったりするらしいですね」

襟裳《えりも》岬まで行くつもりなんです、と言ってしまおうかとちらりと思った。でも、面倒くさいことになりそうなので、僕はその小さな欲を押し込んだ。話はそのまま北海道おきまりのヒグマになり、僕は曖昧な相づちを打ちつづけていた。

「ここが日勝峠です」と運転手が言った。

えっ、とあわてて、手元の地図に目を落とした。

「いや、あの、展望台」と運転手がつけ加えた。

ひだり上に公園のような広場が見えて、後方に過ぎていった。どうやら観光客相手の日勝峠とは、展望台のことを指すらしかった。道路はこの先、峠付近で長いトンネルに潜ってしまう。地平と峠の両方を眺められる展望台に立って、日勝峠ということにしているのだろう。ペケレベツ岳への入山口はこの上二キロほど、日勝峠の手前四キロほどのところにあるはずだった。

「天気がよくなりましたね」と僕は言った。

沈みがちになる長期単独山行の入山日に、明るい材料を見つけだすのは難しい。ガスが抜け、背後から上がった太陽が、薄い雲のなかで霞んでいた。

「いつもこんなですよ。帯広側は風下になるんで、霧がかかりやすいんですよ」

前をのぞき込むようにフロントガラスの向こうに目をやると、深緑の山並みが広がっていた。五万図が描き出しているとおりの形状で連なっている。あれが僕の登る山々だ。

登山計画書を出す小さなポストのある車停めにタクシーは入っていった。気のいい運転手は、車を停めるとすぐにタクシーから降りて、トランクのザックに手をやった。

「いいですよ。重いから」

イヤこのくらい、と運転手はザックをおろそうとした。だが、持ち上げきることができずに、トランクの端にザックを引っかけてよろけてしまった。

引っかかったザックが転げ落ちるまえに僕は手を出し、ザックをつかんだ。

「さすがに登山する方は力がありますね」と運転手はばつが悪そうに言った。

ザックの容量は五〇リットル。だがなかには米が十キロ、ナッツや油、その他の装備がぎっしり詰まっていた。ザックの大きさから想像するよりはるかに重い。

料金を払うと、お札に混じって、財布代わりのビニール袋のなかに百円玉が五枚残っていた。取り出して「五〇〇円玉に替えてくれませんか」と差し出した。運転手はすぐにポケットをあさって、五〇〇円玉を見つけだしてくれた。こんなこと一つ一つが彼には楽しいのだろう。僕にとっては一枚にまとめたところで、この丸い金属板にひと月持ち歩くほどの価値があるのかは疑わしい。

タクシーが去り、ときおり、大きなダンプカーが国道を走り抜けていった。登山計画書提出ポストを開けて、登山ノートを取りだし、ペケレベツ岳の登山状況を検分してみた。週末に一パーティほどの登山者がいるか、いないかだった。八月二日入山、襟裳岬まで、と書くべきか悩み、これもやめた。計画書の書式には下山報告のスペースがあり、そこを空白にしている登山者は一人もいなかった。ペケレベツ岳は登山道が山頂までしかなく、入山口以外に下山する人はいないのだ。

朝食のために買ったパンを、ぎしぎしのザックに無理矢理詰め込んで背負った。ザックが重いときは、いったん膝に乗せて中継してから背中に送る。夏山で中継しなくては背負えないほどのザックは久しぶりだ。

ゆっくりペケレベツ岳に向かって歩きはじめた。まだ頭のなかは街の生活を引きずっていて、出発前のごたごたのことばかりを考えていた。

契約社員として山岳雑誌の編集をしている。四月に簡単な契約書にはんこを押して、一年間の仕事とサラリーが保証される。そうやって七年間働いてきた。

七月の頭の編集会議でのことだった。

「八月に長く山に行きたいんですけど」と僕は言った。

誰も何も言わない居心地の悪い数秒が流れ、「なんかいえよ」と僕は横の同僚をつついた。会議に先だって、僕の発言をフォローするように言っておいたのだ。

「山に行くのはいいことだと思います」とそいつは言った。でもそれだけで、そのことはそれ以上議題にはならなかった。

それまでも、ときにはひと月ほどの休みをもらって、登山や自転車旅行に出かけてきた。契約社員とはいえ自由に休めるわけではない。特別の休みはいつだって、自分だけ抜け駆けするような後ろめたさがつきまとう。だが、ボーナスも厚生年金も社会保険も失業保険もない身分で日々を過ごし、家族を養っているのは、やりたいときにやりたいことをやるためだということもできた。

少し前に北大山岳部OBのマッちゃんこと松原憲彦に、日高の概況と各論を問い合わせていた。それが計画の全容を他人に話した最初だった。日勝峠出発、襟裳岬まで。稜線に道のあるところは道を歩き、ないところは沢をつなぐか、藪を漕ぐかして、南進する。最長三〇日、実働二五日ほどの予定で、ほぼラインは決まっていた。

大きな山塊を求めていた。どこまで歩いても尽きない森、いつまでも終わらない山旅。大学四年目の冬に知床の旅を終えた時点で、つぎは日高を長く歩いてみたいと漠然と思っていた。どうせなら、初体験でいっぺんに全部を歩いてみたくて、ちょっとした休みで日高に行くのを避けまでした。結果日高は、まったく手つかずのまま残り、こうなったら事前の下調べも最小にして、できるかぎり自分の力でやってみようと考えはじめた。

だが、おおざっぱな計画を立て、各論に入っていこうとしたところで、岩魚がいる沢がわからないと、食糧計画に見通しが立たないことがわかった。僕は二〇万分の一地勢図を張り合わせてコピーし、それに計画ラインを赤線で、候補ラインを青線で引き、知っている魚止めの場所を書き込んで送り返してくれと書き添えて、マッちゃんに郵送した。

封書はすぐに送り返されてきた。開けるのが少し怖かった。なにか計画に否定的なことが書いてあったら、自分が揺らいでしまいそうだったからだ。

だが、マッちゃんから返ってきた地図のコピーには力強い字で最小限のことだけが、簡潔に記入されていた。計画に関する感想は何もなかった。最後に「詳しく調べても、日高のよさがなくなってしまうので、いつものように体当たりで」と書き添えられていた。その一文はそのときの僕のこころに妙に染みこんだ。

「気をつけて」とだれもが簡単に言う。だが、やばいと自分でわかっている山行ほど、そのひと言を聞くたびにドキリとした。

他人の思いは登山をブレさせる。心配されることですら、ときには集中力の妨げとなり、僕を殺しかねない要素になる。だから僕は、やばい計画のときほどやろうとしていることを秘密にしてきた。それは神経がまいってしまわないようにする僕なりの防衛線でもあった。

日高全山を歩くと決めてからも、僕は少しずつ殻に閉じこもり、無口になっていった。上司や同僚に計画をひとつも話したくなかったし、話さなかった。ケチをつけられるのはもちろん、それっぽいアドバイスも聞きたくない。応援だっていらなかった。計画書も仰々しくて似合わない。そんなものを作ったら自分を縛ることになってしまう。

だが「ちょっと山に行くからひと月休ませてくれ」というのも社会人としておかしいと、わかっているつもりだった。それでも理解してもらえるとどこかで甘えていた。

開きなおるわけではないが、そんな人間しか単独行者にはなりえない。登山計画とは揺るがない決心のようで、ごく繊細なものである。自分の気持ちを静かに研ぎ込むがゆえに、脆《もろ》い一面もあわせもつ。とくに危うい単独行はその傾向が強くなる。

かといって、ビビッているんで、何も聞かないで休ませてくださいとも言えなかった。

上司から、いくら何でも計画書を出さなければとても休暇など許されないと言われ、僕はしぶしぶ計画書を作って提出した。

七月が終わろうというころ、梅雨が明けた。そんなようやく夏らしくなった日のことだった。上司にあたる人が四人、僕の前に揃っていた。

「ひと月登山で休むというのは、やはり契約内容に反するし、君が遭難事故を起こして騒ぎにでもなったら、雑誌そのものの存続にもかかわる。いったん契約を解消するという形を取るのがいいと思う。それで、また雑誌を作ってもらうかどうかについては、無事帰ってきてから協議するということにしたい」

僕はかなり動転した。「それは、解雇ということですか」

「そのあたりを具体的に口にしては、契約を解約する意味がない。いろんな人が働いているわけで、君だけ山に行くからひと月休みます、ハイそうですかとは、今回はいかないということだよ」

顔色を変えないようにするのが精一杯の努力だった。

「さすがに帰ってきても職がないとなると、もう一度家族と相談したいんすけど」

「そんなつもりでこの計画を提出したの。人生を賭けた登山に行くのかと思っていたけど」

「……」

言葉を失いながらも、そうじゃない……と心のなかでつぶやいていた。かなり根本的なところから、掛け違えている。

単独行が人生を賭けた登山だと思っている人に、その誤りを説明する言葉を探してみた。だが思考を一巡りさせてもそんな言葉は見つからなかった。たぶん、単独行者を理解できるのは単独行者だけなのだろう。こちら側に、世の中と意志疎通をする的確な言葉がないかぎり、やはりそれは「人生を賭けた登山」という言葉に還元されても仕方がないのかもしれない。

何事もフェアにやりたいだけだった。自分の力でやりたかった。自分でできないときにはじめて、その行為や結果に値する代価を払って解決する。僕が雑誌を作ることで得ている代価、そして生活もろもろのことに使う代価、それらが正当なものなのか否か、僕にはもはやわからない。そういうものなんだと自分に言い聞かせて生きている。ときどき苦笑いを浮かべて豊かな暮らしに感謝している。僕の理想と現実には小さいながら確固たるギャップがずっと存在する。僕は自分がきらいなシステムのなかで生きている人間なのだ。それをごまかすために山に向かう。大自然のなかに入りこみ、そこで自分の力を試して帰ってくる。僕の体からは毒が抜け、僕は世界を肯定する。一方で、人生の選択肢は日々少なくなっていく。精神治療を含んだ道楽が、僕を救いつつも、システムへの参入を強固にしてもいるのだ。僕と会社のギャップは、僕のなかにあるギャップそのものといってもいい。

そんな自己矛盾を簡単に説明できるわけがない。だから僕は黙っていた。そして「わかりました」と小さく言って、席を立った。

最終的に僕は、知られたくない登山の計画書を提出して、聞きたくもない登山に関する意見を聞かされたうえに、契約を切ることになった。そのうえ最後に「もう一度家族と相談したい」などと口にして、自分の甘さまでさらけ出してしまった。収支を勘定したら大損である。

私物をまとめて段ボールに入れ、倉庫の隅に積んだ。自宅に送ってしまわないところが、やっぱり最後まで会社に甘えていた。

夕食のあと「契約を切ってきた」と妻に言った。僕のなかではすでに、これはこれでよかったような気がしていた。

妻は「あらま」とだけ言った。

結果的に僕は、しがらみのいくつかをさっぱり取りはずして、日高に出発した。だが、すっきりしたわりには、うじうじとそのことを考えながら歩きはじめた。

方法論

一九九三年の春先、登山がへたくそだった僕は、ずいぶんひどい目に遭いながら、なんとか海別岳から知床岬まで、知床連山を縦走した。その後漠然と、つぎは日高だなと考えはじめた。それは冬期に芽室《めむろ》岳から楽古《らっこ》岳まで縦走した細貝栄《さかえ》の影響だった。同じ大学のずっと先輩だった細貝の記録が出ている『あるくみるきく』を目にし、その日高山脈冬期全山縦走の報告のなかに「夏に縦走しようとして失敗した」と書かれていたのが、ずっと気になっていたのだ。

知床は冬だったが、日高は夏だなと僕は思っていた。冬なら本州の山も雪に覆われて大きな山塊になる。夏でも大きな山塊であることが、僕にとっては日高の重要な魅力だった。細貝栄の日高の夏期縦走計画はその後、細貝が所属した八雲山の会の後輩がなし遂げてしまう。同じことをしても面白みがないと感じながら、月日は流れていった。

以降、K2の大遠征隊に参加したり、冬黒部を横断したり、仕事の関係もあって国内外で脈絡のない登山を続けてきた。そのなかで、山に対する考え方をずいぶん固めてくれたのが、フリークライミングである。「フリークライミングの思想」を登山全般に応用したいと考えて、日本の夏山でどうするのかという僕なりの結論がサバイバル登山というスタイルだった。このサバイバル登山の延長線上に、棚上げしたままになっていた日高全山山行が、ある日突然、浮かび上がってきた。

「あっ、そうか、日高か」と気がついたとき、「意外と必然」が微妙に絡みあった状態で、すべての点がつぎつぎと一本の線でつながっていく心地よい感覚が、体のなかを抜けていった。

自分なりのスタイルで日高全山を歩けそうだという予感が身体をつらぬいたのだ。

ある岩場をフリークライミングで登れないなら、人工登攀になっても登ったほうがいいのか、そこであきらめて帰るべきなのか。高所登山の酸素ボンベにしろ、ゴルジュのなかでのボルト設置にしろ、岩魚をエサで釣るのか毛バリで釣るのかにしろ、この手の命題は最終的には個人の志向に帰結する。だが、想いだけではなく結果でも、たとえば、フリークライミングで人工登攀以上の、無酸素登山で酸素ボンベ以上の、毛バリでエサ釣り以上の結果が残せれば「美しいとは強いことである」ということができる。

食料や装備を持たないで山に入っても、そのこだわりが足かせになっていては、趣味の世界を抜け出せない。僕はサバイバルというスタイルが、山登りの武器になる瞬間を求めていた。

そしてまさに、日高という大山塊を歩くためには、こだわりとしてではなく、美しい戦略としてサバイバル登山が必要だった。大山脈を長く快適に旅するために、装備を削減し、食料は現地で調達するのである。

サバイバル山行の体験なくしては、コンロを持っていかないとか、おかずは現地で調達すればいいなどということを、本気で考えはしなかったはずだ。これまで、いろんな山々を空腹に耐えながら歩きまわったのは日高全山の発想を得るためだったのかもしれない。そんな結論に達して、僕は一人で悦に入っていた。

課題としてではなく、戦略的に装備を持っていかない。そういう意味で、日高の山旅はこれまでのサバイバル山行とは違っていた。食料も装備も持てるだけ持っても、足りないから現地調達になる。美しくないという理由でいつもは持ち歩かない時計（目覚まし・高度計付き）・ラジオ・ヘッドランプは重量以上の働きをすると思われたので、装備に加えた。溯行が難しいと思われる中部から南部にかけては二万五千図も用意した。

居住空間は七〇〇グラムほどのシェルターと三〇〇グラムほどの小さなタープの併用とした。シェルターとは簡易テントのようなものである。ドーム型のテントはフレームのしなりで自立するが、シェルターは本体の前後を引っ張ることで空間を作り出す。ヤブ蚊に一晩中悩まされたり、目を覚ましたらヒグマが目の前でフーフー唸っていたということを避けるためにも、区切られた空間には重さぶんの価値が充分ある。

計画は最終的に実働二四日、予備日六日の三〇日になった。北部の縦走路があるところは縦走し、主稜線がヤブのところは沢をつないで南下していく。

丸々三〇日分の燃料や食料を持って、沢を登ったり下ったりできるわけがなく、燃料とコンロは非常用を含めて持つのをやめた。タープは雨の日でも焚き火を行なうための必需品である。着火材（メタ）は多めに持った。ライターも予備を含めて三つ、のつもりだったが、入山口の十勝清水で一個しかないことに気がつき、スーパーで尋ねるとタバコのまとめ買いのおまけをただで分けてもらえた。

食料は、米一〇キロ（五分搗《つ》きの胚芽米五キロと七分搗きの胚芽米五キロ）、調味料（ゴマ油五〇〇ミリリットル、砂糖八〇〇グラム、塩五〇〇グラム、胡椒少々、乾燥ニンニク少々、すりゴマ少々、乾燥桜エビ少々、鰹節パウダー少々、乾燥ネギ少々、チューブでバター四〇〇グラム）、粉ミルク（五〇〇グラム）、粉スープ・ふりかけ（スープ四種類適量、納豆ふりかけ五〇袋、しそふりかけ大二袋）、お茶（紅茶六〇包、日本茶パウダー、ハーブティ二〇包）、行動食（ナッツ一キロ、飴・キャラメル五〇〇グラム、乾燥梅干し）だった。

米は一食二〇〇グラム×一日二回×三〇日＝十二キロを何となく四捨五入して一〇キロと計算した。前半十日間で五キロ食べ、後半は食い延ばしていけばいい。長期山行の場合、最初からあまり細かく食糧計画を守っても息が詰まってしまう。行程の半分くらいまでは、節度を保ちつつも自由に食べ、後半戦に入ったあたりで下山までの日数をもう一度計算し、手持ちの食料を分配しなおす。全日程の三分の一で、全食料の二分の一を消費してしまうくらいがちょうどいい。前半戦は豊かな食事で体力の低下を防ぎながら前進し、後半、食料が減って荷物が軽くなるにつれて行動のペースを上げていくのだ。だが小心者の僕はいつも早めに食事制限をはじめてしまう。

このほかに釣り具と釣り技、そして頭のなかにあるつたない山菜とキノコの知識をあわせもっていた。テンカラ竿は一〇〇グラムにも満たず、毛バリは一〇本あわせても一グラムくらいだろうか。その他ハリスや換えのラインを持っても、釣り具の重さは八寸の岩魚一匹より軽くなる。山行もなかほどになったら、岩魚の燻製を多めに作って持ち歩き、出会った登山者の食料と交換するというのも食糧計画に含めた。

ポンチロロ川との二股で先行パーティに追いついたときは、ちょうど昼食どきで、三人組が岩の上に食料を並べてくつろいでいた。まだ入山三日目だったが、僕はすでにかなり腹を空かせていた。「仕事ですか」と僕は沢の音に負けないように大きな声で言った。遠目に登山者のように見えた彼らは、近づいてみると少しちぐはぐな格好をしていて、書類に数値を書き込んだりしていた。「地質調査です」と、三人のなかで歳のころが真ん中と思われる人が顎を引きながら答えた。他に班長と思われるいかついおじさんと、まだ山にあんまり慣れていないような若者がいた。

話しながら、僕の目線はどうしてもちらちらと岩の上に飛んでしまった。

岩の上には食パン二斤、ツナ缶六個、菓子パン六個、ラムネ、乾パン、リンゴ三個、そしてスナック菓子までもがあった。まだ山行の前半で、こういうときの取引に使うはずの岩魚の焼き枯らしは持ち歩いていなかった（持っていたところで彼らを引きつけられたかは疑わしい）。

あんまり見ちゃいけないとは思ったが、見ずにはいられなかった。「バリッ」とペットボトルを開封する音がして、人工的な甘い香りが漂ってきた。「午後の紅茶」ミルクティーである。ウソ臭い甘い香りが鼻を突き、胃がグググッと動いた。普通の状態だったら、そこまで目を奪われるほどの食べ

十勝清水
274
日勝峠
沙流岳
ペケレベツ岳
1532
0 1 5km
N
ウエンザル川
8/2・3
ペシケヌーシ岳
1750
パンケヌーシ川
8/4
芽室岳
1754
チロロ岳
1880
ルベシベ山
1740
美生川
千呂露川
ポンチロロ川
8/5
1917
ピパイロ岳
戸蔦別岳
1959
神威岳
1756
七ツ沼カール
8/6
幌尻岳
2052
8/7〜11
1902
エサオマントッタベツ岳
札内岳
1895
戸蔦別川
新冠川
新冠湖
ナメワッカ岳
1799
8/12
札内川

物ではなかったのかもしれない。だがそのときの僕には、人間の食べ物の味を知ってしまったヒグマが、人を襲ってしまう気持ちがよくわかった。

「どうぞ食べてください」といちばん若い調査員が言ってくれた。そのひと言がもうちょっと遅かったら、菓子パンの入った袋と食パン一斤を摑んで走り去るところだった。

「いいんですか」と言い終わるまえにパンを一個手に持っていた。レンズ豆がちりばめられた菓子パンだ。他の調査員は、食パンにマヨネーズを塗ってから、ツナをはさみ、もぐもぐしながら何か話しあっていた。

会話を弾ませて、なかよくなれればもっと食料がもらえるにちがいなかった。だが、沢の音が邪魔して、何か伝えようとすると大声を上げなくてはならず、会話はちっとも弾まなかった。僕はいちばん若い調査員のお兄さんに、思わせぶりの視線をチラチラと送ったが、その奥で年長の調査員がいかにもうさん臭そうに僕を見ていた。お兄さんは僕の泣きそうなまなざしと、眉間にしわを寄せた上司を交互に見て、その後は目線を森に泳がせたまま、なにひとつ喋らなかった。

翌日、ピパイロ岳西峰に立った。この美しい名前の山は「貝のいる川」というアイヌ語から来ているという。倭《わ》訳すると貝取岳とか貝住岳ということになるだろう。

まだ荷物は充分に重く、肩に食い込んでいた。

一五分歩いては、ザックを大岩の上に乗せて休むといったテンポで、四時間近くかけて戸蔦別《とったべつ》岳まで縦走した。予定は七ツ沼カールまでである。

カールとは氷河に押しつぶされてできた大きなお椀のような地形をいう。七ツ沼カールは名前のごとくカール地形に七つの沼が点在し、日高の最高峰・幌尻《ほろしり》岳の北東約二キロ、新冠《にいかっぷ》川の源流に広がっている。日高山脈のなかでもとくに有名な場所だ。

有名というのは焚き火だけで炊事を行なっている僕にとっては厄介だった。北アルプスの涸沢カールのようなテント村ができていたら、焚き火などとんでもないからだ。

「七ツ沼までですか」と戸蔦別岳の登りに陣取っていたカメラマンに声をかけられた。

「七ツ沼カールってこんでますか」

「はあ？」

「もしこんでたら、やめておこうかと悩んでいるんですけど」

「日高にこんでいるテント場なんかありませんよ」

戸蔦別岳のピークに着き、七ツ沼カールをのぞいてみると、テントなど一張りもなかった。森林限界ぎりぎりの標高一六〇〇メートルに広がる七ツ沼カールは、薪を集めるのに苦労しそうだが、評判どおりの別天地に見えた。

稜線から七ツ沼に下っていくと、途中の斜面に登山者が一人座っていた。遠目におっさんだと思ったその登山者は女の子で、しかもかわいい顔立ちをしていた。ちらっと見えたシャツの胸には山陰にある大学のワンダーフォーゲル部と刺繍されていた。七ツ沼カールを独り占めできるかもしれないと思っていた僕は少しがっかりだった。

女の子は航空写真と七ツ沼を見比べていた。地質調査をしているという。熊よけのラジオを大きめに鳴らし、腰にペッパースプレーを下げ、目は赤く潤んでいた。学術調査というよりは、大好きな物を飽きず眺めている少女のように見えた。もしくはただたんに黄昏れて泣いていたのかもしれない。「ここに泊まりますか」と聞くと、今晩で七ツ沼に連泊することになりそうだと答えた。なんだか微妙な返答だった。合宿中の自由時間か、合宿後の個人山行と推測したが、仲間のテントも、女の子の個人テントもカールには見あたらなかった。

今朝出発するつもりだったのに予定を変更したか、もしくは、すぐ横に変なおっさんがテントを張ってしまう事態を巧妙に避けるため、テントをいったん撤収したのだろう。後者のほうが正解だと思った僕は、あんまりなれなれしくしたり、勘ぐったりするのを控えてカールの底に降りた。

砂地にシェルターを張り、枯れ木を切ってきて、焚き火をおこした。風が強く、火は安定しなかった。ときどきその風に乗って、遠く斜面の上から女の子がつけているラジオの音が聞こえてきた。夕方の四時を過ぎても女の子はそうやって斜面に座っていた。

暗いうちに起き出して、薪をぎゅうぎゅうに詰めて、火をつけた。幌尻岳は主稜線から離れたピークだが、日高最高峰であり、深田一〇〇名山でもある。ここまで来て踏まずに通過するのはもったいない。

ピークを踏んで、ぴったり二時間後に帰ってくると、山積みにした薪は、見込みどおり、ホダ火の小山になっていた。お茶を沸かし、朝食を食べて七ツ沼カールから発している新冠川を下りはじめた。途中で北大山岳部のパーティが駆け上るように登ってきて、一言だけ挨拶し、上流に消えていった。

大きな滝を巻いて下ると河原に出た。新冠川に岩魚がいるなら、このあたりからだと予想していた場所である。広い河原に流れをさえぎるような大岩が二つ。大岩に挟まれた小さな落ち込みが大きな淵をつくっている。淵にかぶさる大岩の陰は岩魚が好んで居つく住処のひとつだ。

静かにのぞき込むと、お目当てのものが視界に入った。七寸ほどの黒っぽい岩魚が見られているとは気づきもせず、水面近くに漂いながら虫が落ちてくるのを待っている。

岩陰にザックを降ろし、竿と仕掛けを出した。チョンチョン釣りの仕掛けの先には濃い色のエルクヘアカディス（エルク毛で作った羽虫毛バリ）がついている。

そっと竿を伸ばし、水面に虫が落ちたように岩魚の前に毛バリを落とした。岩魚はゆっくり近づいてきて、ちょっと躊躇するようにながめたあと、毛バリをくわえ、定位置に戻ろうと体をひねった。ピシッと、竿を立てたその瞬間、岩魚の身体が水中でぶれる。あわてて激しく身をくねらせてももう遅い。それほど大きくない岩魚はすぐに水中から引き抜かれ、手のなかで恨めしそうに僕を見ていた。

新冠川とエサオマン入沢との二股には、テント場として利用されている綺麗な台地があった。川面より二メートル以上は高く、薪も豊富ないい泊まり場だった。シェルターを立て、タープを張り、用意もどかしく釣りにでて、二〇匹ほどの岩魚を手に入れた。型は小さいが、オショロコマではなくアメマス系のイワナに見えた。

日はまだ高く天気もよいので、行動用の服を全部脱いで洗濯した。ふだんは持ち歩かない小さな石鹸を今回は持ってきていた。第二次世界大戦直後、シベリアに抑留された者の話に、手洗い、うがい、洗顔などを寒さのなかでもきちんと行なった者が生き残った、というくだりがあって、頭のなかに妙にこびりついていたからだ。裏を返せば、健康な人は手洗いうがいを厭わなかったということになるのだろうが、元気なケモノが清潔かどうかはともかく、美しいのはたしかである。

冷たい流れで身体と服を一緒に洗った。立ち木を使って絞り、日の当たっている大きな石の上に並べた。泊まり場用の服を着て焚き火をおこす。沢をゆく旅では行動用の服と泊まり場用の服を分けたほうがいい。泊まり場用の服とは毛の下着、ひらたく言えばステテコとラクダのシャツである。

近代装備を持たない山旅で、なくて切ないのはヘッドランプだが、ないと困るのは完全防水を可能にするビニール袋である。泊まり場用の服と寝袋を完全防水にしておけば、昼の行動で服やザックがびしょ濡れになっても、夜は乾いたものを着て過ごすことができる。乾いた衣服と寝袋、そして雨を遮ってくれる空間があれば、そう簡単に人は死なない。

沖縄に台風一〇号が接近していた。その台風に刺激され、北海道でも夜中にまとまった雨が降るとラジオが伝えていた。重い荷物を背負いながらここまで駆け足で来たので疲労も溜まっている。明日は沈殿（停滞）でもいいなあと僕は考えていた。大きなフキの葉っぱの上に並べられた岩魚を一本ずつ捌いて、また別のフキの葉の上に並べた。まだ空は晴れわたっていて、焚き火から立ち上る煙まで青みがかって見えた。河原に下りて洗濯物をひっくり返して、ついでにあたりに散らばっている流木を集め、焚き火のそばにもどった。

このときはまだ、この台風一〇号が北海道の災害史に残るとんでもない雨を降らすことになるなんて、想像もしていなかった。

夜中に雨がタープを叩き、朝には目の前の新冠川源流も増水して、ささ濁りになっていた。午後にはふたたびまとまった雨が降るとラジオが告げている。北上を続ける台風はこのあと、北海道に直撃する可能性があるという。まだ雨はごく小降りで、移動しようと思えば動けないほどではなかった。そろそろ休養日が欲しかった。だがここで休息し、台風で川が増水してしまうと、水が引くまで動けなくなり、休養どころかバカンスになってしまう。もし今日中に、エサオマン北東カールまで上がっておけば、台風が直撃しても、そのあとすぐに行動が開始できる。しかし標高の高いカールで台風の直撃を耐えられるだろうか。

学生時代、北アルプスの剱沢で台風を迎えたことがある。夜中に台風が直撃し、剱沢に張っていたテントの半分近くが風で破れたり、飛ばされたりした。僕らのテントもフレームがひしゃげ、みんなで中から必死に押さえていた。寝ていることはもちろん、何かを叫んでいる近くのテントを手伝いに行くことすらできなかった。剱沢小屋の従業員が「お金はいいからテントを潰して小屋に避難して」と叫びながらテント場をまわった。風が弱まった瞬間を狙って、一人がテントから出てフレームを抜き、潰れたテントから残りが這い出して石をのせ、僕らは四つんばいで小屋に逃げ込んだ。

翌日、剱沢のテント場は台風一過で晴れわたっていた。自分たちのテントを立てなおし、濡れた装備を乾きはじめた地面に並べた。あたりには破れたテントや風で飛ばされた装備が散乱していた。見上げる劔沢は、岩場に囲まれたすり鉢状のカール地形で、谷底からの眺めは広角レンズを覗いているようだった。空には雲がくっきり浮かび、台風を追いかけるように流れていた。

朝食のために焚き火をおこしなおした。

「風が劔沢を吹き下ろすとフイゴのような作用をして強風になる」という小屋のおじさんの言葉が思い出された。やはりカールで台風を迎えるのは得策とは思えない。だが、いま泊まっている台地で台風による増水に耐えられるのかも不安だった。周囲に大きな木がないのは、この台地が十数年に一度くらい増水で洗われていることを示しているようにも思えた。

とどまるなら、ここより高い藪のなかに泊まれる場所を見つけておいたほうがいいだろう。

素っ裸になり、上だけ雨具をはおった。雨中の探索で乾いている服を濡らしたくなかったからだ。そして森のなかに入っていった。足を高く上げて藪を踏みつぶすように歩いても、濡れた笹の葉がイチモツに触れてゾクッとした。

川から二〇メートルほど藪に入り、一段上がったところに、大きな木に囲まれた小さな平地があった。巨大なフキを切り倒すと、ビンの底が目に入り、地面から引き抜くと年代物の五合ビンだった。ここにかつて泊まった人がいる。

それだけで僕は少し冷静に戻れた。森の樹々から大粒になって落ちてくる雨だれの音が耳に入ってきて、視界がすこし明るくなった気がした。そしてフッと我に返って顔を上げ、あたりを見まわした。いまここに誰か来たらヤバすぎる。雨具をはおっただけのフルチン男が空き瓶を片手に藪のなかでニタニタたたずんでいる現場を見られたら、どうやって言いわけすればいいかわらない。

シェルターにもどって竿を持った。せめて岩魚を増やすことで、一日が無駄ではなかったことにしたい。泊まり場の前で、三匹の岩魚を釣り、フキの葉っぱをかけておいたオキ火を、フライパンをスコップ代わりに、タープの下に移した。

その後は、焚き火に風を送ったり、小雨のときに薪を集めに出たりして、ラジオを聞きながら雨を見ていた。甲子園の高校野球が台風の直撃を受けて中止になっていた。これから台風は北上し、どうやら本格的に北海道に来るようだ。


目が覚めたのはガコガコガコガコという体に響く地鳴りのためだった。ラジオの予報どおり、台風に刺激された前線が大雨を落とし、バラバラとタープを叩いていた。地響きは川のほうから聞こえていた。シェルターを出てタープをくぐると、昨日の雨で充分に増水していると思っていた川はさらにその三倍にふくれあがっていた。真っ茶色に濁った流れは流木や岩を下流へ押しやりながら大きな音を立てている。洗濯物を並べた大岩が泥水に没し、泊まり場は、あと八〇センチほどで冠水するまでになっていた。「こっから先は警戒水位」と独り言を言いながら積んだケルンも、濁流のはるか下に没している。

雨は小康状態で急激に増水する心配はなかったが、ラジオは台風が直撃する見込みであることを何度もくり返していた。

一時間の降雨量が一ミリ増えるごとに、いったい水位がどのくらい上がるのか、これまでの降雨量と上がった水位の関係から方程式を作り出せば、今後、テント場が冠水するかしないかわかるかもしれない。しかし、流域面積と川の体積の関係は二次元と三次元であり、データも決定的に不足していた。というよりはじめから、渓の断面が台形を逆さにした形だとすれば、水位が上がるほどに表面積は増えるので、水位の上昇速度は遅くなるという予想を、何かで裏づけたいだけだった。予測が通じない相手であることは、ケルンが濁流に飲まれたことであきらかなのに、僕はまだなんとかシェルターを藪のなかに移す面倒を回避しようとしていた。

これまで降りつづいた雨に加え、数時間後には台風そのものの雨雲が大雨を降らすとラジオは警告していた。だまって座っているだけなのに、心拍数が上がっていく。圧倒的なものが近づいてくるとき特有のじっとりとした感覚が腹から胸にあがってきて、酸素の薄い部屋に入れられたようだ。「午前中は小康状態になることもありますが、午後からは大雨になるので、河川の近くや、土砂災害のおそれのある地区の方は、早め早めに避難してください」と気象通報のお姉さんが言った。他人事のような抑揚のない言いぐさに迫力がある。

米をたっぷり鍋に出した。濁流になるまえに汲んでおいた水を入れ、タープの下の焚き火にかけた。藪のなかの高台は、太い木に囲まれ、増水も大風も心配ない。台風が遅れたとしても明日の朝には、焚き火をおこしなおせるだろう。いま食べておけば二〇時間ほど我慢すればいい計算になる。

ときおりタープが風をはらみ、煙は行き場に逡巡するように行ったり来たりした。

昼過ぎに雨の勢いを見て高台の藪に移動した。もちろん、このときも素っ裸に雨具の上着といういでたちである。二本の大きな木にロープを渡す。手を伝った雨が雨具の袖から入り、脇腹を流れていった。タープをしっかり張り、その下にシェルターを立てなおし、転がり込んだ。僕の移動を待っていてくれたかのように雨はさらに激しくなった。

濡れ物を足元に積み上げ、ラジオをつけた。世界はバラバラバラという雨音で満たされていて、何も聞こえない。イヤホンに切り替えると「カキーン」という硬球をはじく金属バットの乾いた音がようやく聞こえてきた。甲子園はすでに台風が去って晴れているようだ。

「さあ、エンドランという作戦を立てましたよ」

最初に「さあ」と言い「ますよ・ですよ」で終わる、すでに聞き慣れたあの変なしゃべり方の解説者だった。

「さあ、斉藤君は、前の打席で二塁打を打ってますよ」

大粒の雨がタープを叩き、川から地響きが聞こえていた。僕は高校野球を聞きつづけた。藪のなかから川は見えない。甲子園の中継は一〇分ごとに、北海道の台風情報で中断された。

小便はフライパンにして捨て、雨で洗う。残量を気にしながらときどき行動食のナッツを口に運ぶ。

そして、夜中に台風が直撃した。新冠川周辺は毎時一七〇ミリの超大降雨、日高東部で毎時三六ミリ、サル川ダムには毎秒五〇〇〇トンの水が流れ込んでいるという。

「一七〇ミリってなんだよ」とつい驚きを口に出してしまい、その後の沈黙が、たった一人であるということをより濃く意識させた。

バラバラバラという絶え間ない大粒の雨が、タープとシェルターを叩きまくっている。流れから遠い藪のなかだったが、枕にしている米の袋に耳を当てると、川から響いてくる地鳴りがうるさくて眠れなかった。両手で一時間に降る雨量一七〇ミリ（一七センチ）ぶんの幅をつくってみて、その厚さの水の膜に周辺の山肌が覆われる風景を想像してみた。ふたたび服を全部脱いで雨具をはおり、外に出た。僕を飲み込もうとしているものを見ないで終わりにはしたくない。ちょうど深夜零時だった。

サンダルを履いて、一段下がると、足が水に浸かった。

「もう、ここまで？」

泊まっていたテント場は、できたての川に囲まれながらも、あと数センチで冠水というところで粘っていた。ヘッドランプに映し出される川は、まさに荒れ狂い、茶色い濁流がのたうっていた。流れを見ていると心の奥にある小さな玉がじんわり熱くなるような気がした。圧倒的なものに挑み、翻弄《ほんろう》されてみたいという欲が震えだしている。それをなだめるように押し込んでシェルターに帰った。

朝になって、雨も小降りになり、テント場周辺の水は引きはじめていた。結局テント場は深夜に見た状態が最大の危機だったようだ。シェルターをもとのテント場に戻した。川は濁流、ラジオは新冠川の下流で不明者が出たことをくり返していた。

僕はどこにも行くことができずに、茶色い川を眺めて焚き火をするだけだった。濡れた薪から出る煙が目にしみる。倒れた木が流れに半分落ちて揺れていた。ときどきぱらぱらと来るなごり雨を避けながら、電波の悪いかすれた高校野球を聞きつづけた。

水がすこし引くと、洗濯物を並べた大岩が消えていた。大型冷蔵庫より大きい立派な岩だったので、流されたことがにわかに信じられなかった。大岩だけではなく、水の引きはじめた川は僕の記憶とは別の川になっていた。

下山しちゃおうかなあ、とちらりと思った。とはいえ下山するにしろ、目の前の川の水が引かなくては、どこにも行けない。


翌朝、なんとか渡ろうと川を上下し、渡る自分の姿を想像してみるが、どこもうまくつながらなかった。戯れに竿を出したが反応なし。今日が登山一〇日目。予備日を含めて三〇日の計画の三分の一を使ってしまった。歩いた行程は三分の一にはほど遠い。この二股に着いて、すでに五日目だった。

ラジオは台風の被害をあい変わらずくり返している。僕のいる新冠川を中心に、死者、行方不明者は十数人、牧場の馬たちも多く流され、林道は崩れ、国道もストップ、太平洋側を走るJR日高本線も不通、山むこうの幌尻山荘では、下山できなくなった登山客を降ろすために自衛隊のヘリが出動していた。

いったい僕はどうなったことになっているのだろうか。ラジオで名前を読み上げられていないので、行方不明者の一人ではないらしい。やっぱり死んだと思われているのだろうか。この台風被害なら、下山しても言いわけは充分ある。こんな禁欲的な登山はやめて、またもとの生活に戻ってもいい。

僕がまだ生きていることを知っている人間は、僕以外にいなかった。今回も通信機器を持たずに入山している。連絡すれば助けてもらえる、と思いながら山に入るのは登山ではない。使う使わないではなく、通信機器があるという心の支えが甘えであり、登山における汚点なのだ。

もし僕がこのあと、日高のどこかでミスをして死んだら、僕のことは誰も知ることはできないだろう。この大きな山域から情報もなしに、一人の人間を捜し出すことは不可能だ。この台風で当初の計画もずたずただ。探す方法論も浮かばないにちがいない。

「野生生物のようにひっそり生まれて、ひっそり死んでいく。死んだことすら誰にも確認されない」

それは僕が山登りで究極に求めているものの一つだった。少し不細工な状況ではあるが、いまその求めていた瞬間がやってきていた。こんなときに何を感じて、何をするのか。

実際にその状況に陥ってみると、台風一〇号の直撃を生き延びたと誰かに自慢したい、という自意識がいちばん強かった。

「俺は生きてるぞ」と小さく言ってみた。

誰も助けてくれない。死んでも骨さえ拾ってもらえない。それは思っていたより怖い感覚だった。しかし、そんな状況がほんの少しだけ、自然の掟《おきて》のなかに入り込めたような気持ちを僕に与えていた。僕は社会的には消えてなくなり、どこで何をしているのか誰も知らない。それでも、二本の足でちゃんと大地に立っていた。世界が広く大きくなったような気がした。

北部縦走

エサオマン入沢と新冠川がつくる二股に着いてから六日目の朝。まだ水の多い新冠川をなんとか徒渉し、そのまま、エサオマン入沢を溯っていった。進んでみると思った以上に水量が多く、厳しい徒渉の連続だった。昨日無理して渡ったとしても、苦労ばかりであんまり進めなかっただろう。今日ですら、水際を行く溯行ではなく、森の斜面を使った高巻きを多用したほうがよさそうだ。

「さあ、ここは直球勝負ではなく、変化球でいなす感じですよ」

停滞中ずっと聞いていた高校野球の解説者が、頭のなかでしゃべっている。

四日間もまるまる休養したので体は軽く、荷物も食料が減ったぶん、軽かった。

エサオマントッタベツの北東カールには大きな地滑りの跡があった。新冠川本流より、エサオマン入沢のほうがはるかに茶色く濁っていた原因がこれだろう。土砂はカールの平地に達し、一部を埋めている。もし、ここに泊まっていたら、自然埋葬されていたかもしれない。僕はきょろきょろとケモノの死骸でもないかと探しつつ先を急いだ。

エサオマントッタベツ山頂にはプレートや道標はなく、小さな赤布が数本、ハイマツの根っこに結んであるだけだった。登山者の自意識に汚されてない美しい山頂だ。

できることなら八ノ沢カールまで、と先を急いだ。だが、道があるといわれる日高北部の主稜線は、実際に歩いてみたら藪尾根で、あまりはかどらなかった。午後になり、霧が稜線を覆うころ、カムイエクの手前、九ノ沢カールの下り口に平地を見つけた。近くに風に叩かれて枯れたハイマツがあった。お茶を沸かし、米を炊くだけなら、薪は一抱えもあれば充分足りる。

シェルターを立て、水を取りにカールに降りると、高山植物が満開だった。踏まないように花を避けたりしていては、一歩も進めないすごい眺めである。枯れたハイマツの枝を集めて苦労して火をつけた。ハイマツは枯れていればすぐ火がつくものと思っていたが、白骨化していないハイマツはなかなか燃えなかった。

朝三時四五分に起きて、火をおこし、ミルクティを多めに作る。それを飲みながら昨夕炊いた米の残りを温めなおす。その合間にタープを外し、寝袋を畳む。ミルクティを飲み終わったら、もう一度水を入れて火に掛ける。これはスープになる。ご飯が温まったら少しビニール袋に移して、しそふりかけをかけて雨蓋にしまう。これは弁当である。残りは朝食用で、フライパンに移して日高ライスにする。日高ライスとは僕が命名したこの旅の基本メニューで、夕食は毎回、朝食はときどきがこれだった。ご飯にゴマ油を少しかけ、桜エビパウダーと、鰹節パウダー、それにすりゴマと乾燥ネギをかけて塩・胡椒して、焚き火で少し炒めなおせばできあがり。岩魚があれば岩魚、キノコを拾えばキノコを入れ、日替わりのいろいろなバリエーションがある。朝、日高ライスをやらないときは、納豆ふりかけを二袋かけて食べる。

朝飯を食べ終えたらシェルターを潰して、残りのスープを飲みつつパッキング。五時一五分ごろ、NHKの「ラジオ朝一番」から流れる天気概況をチェックして、五時三〇分から六時のあいだに出発する。その日の天候や、地形や気合いの入り具合で出発時間は前後する。

出発したら九時を過ぎるまでザックは下ろさないし、なにも食べない。これは自己規律である。九時過ぎから一時間ごとに休みはじめ、ちょくちょく何かを食べる。十二時を過ぎるころには、へたばってきて、その日の宿泊地を探しながら歩くことになる。

おおよそ、十三時から十四時くらいには泊まり場を決めるが、釣りをするために早く切り上げることもあれば、翌日の行程が長そうな場合は十五時くらいまでがんばって、距離を稼いでおくこともある。泊まり場はそのとき無風快晴だとしても、翌日停滞する可能性を考慮して、開けた森を選ぶ。河原に泊まっていて、思わぬ雨のなか、住居を移すのは面倒だし、樹林に囲まれているほうが安眠できるからだ。泊まり場を決めたら、倒木や石などを整理して、シェルターとタープを張り、米をとぎ、薪を集めて火をつけ、お茶を沸かす。天気がよくて乾きそうなら、洗濯をしつつ、水浴び。岩魚がいそうなら釣りもする。岩魚が釣れたら捌かなくてはならない。その日歩きながら採っておいたキノコや山菜なども処理する。縦走中なら水取りという仕事もある。米は二合強いっぺんに炊き、半分が翌朝分になる。朝に米を炊いていると時間がかかるうえに、薪も余分に必要になるからだ。日高ライスはフライパンから直接食べる。深い鍋から食べるより、皿のようなモノから食べたほうが食が進む。冷めてもすぐに目の前の焚き火で温めなおせるので、地図を見たりしながら、必要以上にゆっくり食べる。夕方は雑事をこなしながらつねに高校野球を聞いて娯楽としていた。

夕食も高校野球も終わったら、焚き火をいじる。もしくは地図を見て明日のルートを確認する。一日の行程を簡単なメモ程度にノートに書きつける。

ホダ火を見ていると炎の明滅にあわせて、自分の存在が揺れ動いているような気がする。森の息吹によって、消え入る炎とともに自我そのものがスッとなくなるような気がするのである。目に見えない手がそっと背中から僕の体のなかに入ってきて、魂を抜こうとしているかのように。

ふと我に返って、ふり返っても何者もいない。夜が山に忍び寄ってきているだけである。もしくは山が夜に忍び寄っているのかもしれない。あたりには何度も蒸溜されたアルコールのような、濃密なのに粘りけの少ない時間が漂っている。この貴い時間は、独りのときにしか訪れてこない。

この時間のなかにあまりいてはいけないような気がして、僕はシュラフに入って寝てしまう。

カムイエクウチカウシの山頂にも、見わたす山並みにも誰もいなかった。お盆休みに入っているはずだが、いったい登山者はどこに行ってしまったのだろう。ピークで登山者を捕まえて、携帯電話を借りようと思っていたのだが、ここにきてもまだ自分を中心にした半径数キロ圏内に人間はいないようだ。

八ノ沢カールの分岐まではははっきりした踏み跡をたどり、ふたたび藪尾根に突入する。

小ピークを越えて下っているときに先の稜線に動く影があった。さっと藪に隠れ、身がまえる。大型動物がこちらには気がつかず向かってきている。キラリと何かが光った。ザックにつけたマットだった。熊かと思ってヒヤリとしたが、止めていた呼吸を再開する。六日ぶりの人間、登山パーティだ。

最高の笑顔（と自分で想像する表情）を保って挨拶し、簡単に情報を交換した。下心があったのだが、理科大のワンゲルだというパーティはリーダーに統率され、ザックを下ろす気配はなかった。

「携帯電話を持っていたら貸してほしいんだけど」と僕は切り出した。

「といっても……」と先頭の若者が後ろをうかがっている。

「じゃあ、ザック下ろして」と最後尾のリーダーがちょっと不機嫌そうに言った。

どうもすいません、と僕は頭を下げた。

ザックの奥から出してくれた携帯電話を受け取って、自宅の番号を押した。アンテナが帯広のほうに向かうように、ちょっと小首を傾げて待っていると、有線電話のようなはっきりした呼び出し音が

8/12
札内川
カムイエクウチカウシ山
1979
ピラトミ山
1588
シカシナイ山
コイカクシュサツナイ岳
8/13
コイボクシュシビチャリ川
ヤオロマップ
歴舟川
シビチャリ山
1827
ルベツネ山
1727
8/14・15
ペテガリ岳
1789
ポンヤオロマップ
1406
ペテガリ沢川
中ノ川
1519
中ノ岳
8/16
ソエマツ岳
1625
神威岳
1601
ソエマツ沢
8/17
春別山
1293
ピリカヌプリ
1631
8/18
トヨニ岳
1493
春別川
8/19
N
ソガベツ川
野塚岳
1353
野塚川
双子山
1379
0 1 5km

聞こえてきた。妻がちょっと慌てて電話に向かって歩いているのが見えるようだ。まだ、朝の九時すぎ、子供たちと散歩に出ている時間ではない。朝の光のなかで子供の着替えやおもちゃが散らかっている風景が脳裏に浮かんできた。

受話器が上がった。

「俺ですけど」と僕は言った。

「生きてたの……」

安堵と驚きが混じった第一声だった。

「元気に歩いているよ。いまカムエクを越えたところ」

自分を取り戻した妻は、台風のニュースや、幌尻山荘の救出騒ぎのことをまくし立てた。和田さん(次章「黒部とは」参照)からも電話が来たという。適当に相づちを打って「借りた電話だから」と言ってすぐに切った。

携帯電話を返し、理科大のメンバーと藪の状況や、水のことなどの情報を交換した。台風が林道を壊していて、日高の核心部にはほとんど登山者が入っていないと言う。彼らは昨日入山し、夜の水は持ち上げたということで、水場の情報は持っていなかった。ヤオロマップ岳まで行けば水が取れるらしいが、とてもそこまでたどり着きそうにない。七ノ沢のカールか、コイカクシュサツナイ岳の登りで、水を取る必要がありそうだ。今日も先を急いでめいっぱいの体力で歩いている。水取りを失敗して労力を無駄には使いたくなかった。

「この先、藪は濃いですよ」と学生たちが口を揃えた。

「カムエクより北はところどころ悪いだけで濃くはないかな」と答えて出発した。

彼らの言うとおり、灌木は頭を覆い、トンネルのようになっていた。「生きてたの……」という妻の声が頭のなかに残っていた。家族に悪いと思ったが、あんまり長く話したくはなかった。この状況で妻と長く話し込んでしまうのは精神的にも、登山にもよろしくない。

身体を振ってザックに引っかかる枝をはずしながら進んでいく。踏み跡の上に飴玉が一個落ちていた。最近の飴は個別の密封包装になっているので、落ちている飴は即食料となる。匂いが漏れないのでケモノや虫たちは食糧と認識できないのだろう。すぐに袋を開けて口に放り込んだ。甘いは甘いが、ちょっと古かったようで、口の中で簡単に崩れていった。

「生きていたんですよ」と僕はまた思った。

七ノ沢カールは傾斜が強く藪も深く、とても泊まれるような場所ではなかった。一山越え、コイカクシュサツナイをめざす。このあたりでどう水を取るかが北部縦走のキーポイントだ。コイカクシュサツナイ北面には出発前から地図を見て、目をつけていた水場がある。コイカクシュサツナイ北面に目を凝らすと、狙っていた小沢で水が白く輝くのが見えた。だが地図で予想したより実際の水場は遠そうだった。

稜線から下って水を取るコツはいくつかある。①コル（鞍部、峠）から、②東面もしくは北面の、③急な、④森を下ることである。ピークから下るよりコルから下ったほうが、コルを作る左右の山肌ぶん集水面積が大きく、短い下降距離で水に出会うことができる。コルは左右の山より相対的に低ければ低いほどよい。北東面に取りにいくのは僕の経験則である。北面や東面に雪が残るからだろうか、南西面より水の出ている確率は高い。急斜面を選ぶのは、水が泥を流して岩盤が出るうえに沢状になりやすいためだ。

笹藪は水の出が遅く、逆に森の斜面はすぐに水が出ている。笹藪は根が張り巡らされ、土が流れないので、おそらく水が地表に出てこないのだろう。森は保水力があり、水流を見つけられることが多い。稜線から大きな木が斜面を下るように点々と連なっているのが見えたら、水が流れていると思っていい。これを個人的に水脈樹列と呼んでいる。

これらの諸条件が適度に合わさっているところが水場になる。とは言っても日本は雨が多いので、水取りに苦労することはほとんどない。僕の藪こぎ人生はそうとう長いほうだと思うが、その藪こぎ人生のなかで水が取れずに乾いた夜を耐えたことは一度もない。

そして今、僕の嗅覚は狙っていたほうとは反対側の斜面から水の気配を嗅ぎとっていた。地図を確認し、藪の斜面をのぞき込む。コイカクシュサツナイの肩からはじまる北西面の急な小沢。大きな岩が転がり、灌木が沢状の地形にかぶさるように生えている。悩むことなく僕は水筒を持ってその北西面の沢に降りていった。一リットル入りの袋型の水筒六つが僕の貯水タンクである。すぐに苔むした岩が現れ、そこから少し下りるとちょろちょろと水が流れ出していた。

翌朝、コイカクシュサツナイでヘルメットをかぶったおじさんに追いついた。コイカクシュサツナイは、下の林道から続いてくる夏道があり、日高山脈でも登山者の多いところである。稜線でヘルメットとは変なヤツだと思って見ていると、ザックに「SIMADA」と書いてあった。醸し出す雰囲気といい、ザックにある名前といい、島田茂さんに違いなかった。

島田さんは、僕が編集に参加していた山岳雑誌の常連執筆者である。日高の沢に関する企画が上がったときは、ほとんど自動的に電話していたが、会うのははじめてだった。日高の稜線ではじめて顔を合わす偶然におたがい驚いたあと、街で会う確率より充分高いか、と二人で妙に納得した。僕は勝手に日勝峠から襟裳岬までの計画を話し出していた。

「ということはその計画で、すでにここまで来てしまったということですね」

行程の四割ほどだが、それでも島田さんはちょっと驚いていた。ペテガリでの泊まり場となるCカールの場所と状況を聞き、その後行くことになりそうな渓《たに》の岩魚の生息状況を尋ねてみた。

島田さんはペテガリ川の源流部では岩魚を見たことがないということだった。中ノ川でも岩魚は見たことがないという。そして最後に「この先の藪の状況は悪いですよ」とつけ加えた。言い方に今日中に着くのは大変だ、という感じが含まれていた。

島田さんはこれからまだ触ったことのない渓を降りてみるという。単独で未知の渓の下降とは恐れ入る。話したいことはいろいろあったが、おたがい時間もないので、そこそこに切り上げざるをえなかった。島田さんは沢への下降口を物色しながら、見えなくなるまで見送ってくれた。

霧が深く、自分を中心にした半径五〇メートルほどが、風に浮かんだり消えたりしている。コンパスと地図とときどき浮かび上がる地形とを見比べながら前進した。昔から知っているのに初対面という関係だったが、久しぶりに心許せる人に出会って、僕は感傷的になっていた。露に濡れた藪をかき分けながら、島田さんと話したことをただなんとなく一句一句思い出していた。

深く濃い霧のため木の葉は濡れ、幹に触れると大粒の滴になって降り注ぐ。岩が堆積したペテガリCカールの底に出るころには体中ぐっしょりになっていた。岩と岩の隙間は小動物の住処になっているようで、ナキウサギと小鳥が見慣れない侵入者に対して甲高い鳴き声を発していた。霧のなかでシェルターを立てた。

シェルターの防水性は完璧だが、それゆえ、透湿性はほとんどない。冬、窓ガラスに水滴がつくのとおなじ現象で、外気温が下がったり、雨や露に濡れたりするとシェルターの内側は結露する。これが服やシュラフを濡らしてしまう。タープでシェルターを覆うと、結露防止の効果があるが、タープは雨の日の焚き火用に持ってきた装備である。結露防止のためにシェルターを覆ってしまっては、焚き火ができない。そのため雨の日はタープの半分でシェルターを覆い、シェルターのすぐ脇で焚き火をおこして過ごしてきた。

ペテガリCカールでは、シェルターを石の積み重なった斜面の近くに張り、天然の岩穴を組みかえて窯にしてみた。猫が入るくらいの小さな岩小屋の中で焚き火をすれば、タープ全面をシェルターの雨避けに使うことができる。これが、思っていた以上に生活空間を快適にしてくれた。

薪は全部濡れていたが、皮がしっかりしていれば中まで水は染みこんでいない。窯の中にか細い薪を並べて、メタに火をつけて置き、焚きつけ用の極細枝を乗せていく。煙が細く立ち上がり、風に流されていく。

風というものは一定の強さで吹きつづけるものではなく、強弱がある。気象用語でいう「風の呼吸」

である。びゅうと吹いてやみ、またびゅうと吹く。風がやむと、煙は形を保ったまま風上に少し戻る。ほんとうに風神様が息を吸ったかのように、煙が大きなブロックごと少し風上に戻って止まる。

窯の中から立ち上る煙が弱くなり、薪の隙間に残っていた微かな白煙も風が運びさっていった。着火失敗である。薪がぐっしょり濡れてしまうとメタを使ってもなかなか火はつかない。薪を崩さないようにそっと焚きつけを持ち上げ、もう一度火のついたメタを入れる。メタの炎が焚きつけを焼きはじめた頃合に、熱を逃がさない微妙な吹き加減で空気を送り込んでやる。先端に小さな穴を開けたノコギリの鞘が僕の火吹き筒である。この山行中何をしていたか時間ランキングがあったら、一位が眠る、二位が歩く、三位は焚き火に酸素を送っている、になるだろう。僕は焚き火をいじるのが好きなのだ。三本目のメタでようやく火があがった。

送風具をノコギリの鞘からまな板にしているベニヤに替える。ひと振りごとにゴッという音がして、火が大きくなっていく。寒い日はやっぱり火が上がるとほっとする。濡れている薪を窯に立てかけ、水を鍋に入れて焚き火にのせる。焚き火を離れ、寝床を整え、装備を整理する。生活に不要な物は決まった場所に置くようにする。たとえば釣り竿は入り口とは逆側のタープの下、シェルターに添えるように置いておく。場所を決めておくことで踏んで壊してしまうようなへまを避け、忘れる確率を低くすることができる。登攀用のロープ、沢登りの装備などもそれぞれ置き場所がある。濡れ物はどうせ乾かないので、これ以上濡れないように袋に入れて隅に積んでおく。米を出して水に浸す。明日の朝に踏むはずのペテガリ岳が距離的には折り返し地点になる。米はまだ半分以上残っている。

疲れてはいるが、ぐったりするような疲労ではなかった。いつものように甲子園の中継を聞きながらシェルターの中に地図を広げて、先のルートを検討した。高校野球は不順な天気に翻弄されながらも順調に進行していた。二回戦に入り、どうやって一回戦を勝ってきたか覚えているチームがまた出てきている。日ごろ野球などそれほど興味はないが、いまは僕の重要な娯楽になっていた。僕は独りで山歩き、彼らは甲子園。大きな目標に向かい、同時並行で肉体的活動をしているというだけの共通点だが、僕は一方的な親近感を高校球児に感じていた。ラジオが拾うかすかな電波が、僕と人間社会をつなぐ唯一のものということもできた。聞いているかぎりは、余計なことも考えなくて済む。

何度も眺めてきた地図を、ラジオを聞きながらまた眺めた。やっぱり稜線は神威岳を曲点に「く」の字に折れ曲がっている。西側の沢をつなげば危険なところは避けられそうだが「く」の字の外側を南下することになり、行程は長くなる。東側の中ノ川は「く」の字の内側を近道するように支流を伸ばしている。問題は中ノ川支六《しろく》ノ沢川の下降だった。

高校野球が終わり、ラジオは太平洋戦争末期の話を流していた。僕の八月一五日、終戦記念日は霧雨で寒い一日だった。空から爆弾が降ってきて、食べ物のなかった時代。大陸からの引き揚げ話は、何度聞いてもにわかに信じられないほど苛酷である。シェルターのオレンジ色の布地を眺めながら考える。戦災者の追いつめられた厳しさと、僕のあえて選んだ厳しさは同じなのか。

より豊かに、安全に、便利にと変わってきた環境はわるくない。しかし人を甘やかしてしまった。昔は環境が絶対的な力をもって人間を追い込んでいた。どちらがいいとか単純に言えることではない。がともかく、僕は中ノ川を降りようと決めた。

雪の上や泥の上の足跡はくっきりと残るものだが、沢の足跡は体から垂れる水滴が足跡そのものに降り注ぐため、足跡の主を一目で判別するのは難しい。支六ノ沢に降り立って、渓流足袋に履き替えると、沢の岩の上をなにかが歩いた跡があった。大型動物である。ヒト、シカ、ヒグマのどれかだろう。少し進むと砂地に人の足形がくっきりと残っていた。

岩の濡れ具合にその日の天候を考えあわせれば、おおよその経過時間を計ることができる。滴《したた》った水滴が弾けたばかりの明瞭な形を残していれば、ついさっきということになり、時間が経つごとに輪郭が曖昧になっていく。半日もすると点々と岩が濡れている程度になる。曇りの日には水が蒸発しにくいぶん、時間の予想が立てにくい。いま、先行者は近くにいる。通ったのは一時間以内、三人から四人。

僕の鼓動はにわかに高まっていった。泊まり場が同じだとすれば、久しぶりに変わったものが食べられるかもしれないからだ。

すぐに前を行くパーティを、社会人山岳会系、大学山岳部系、ガイド登山系と分類わけして、勝手に献立を想像した。山岳会系ならメニューがバラエティーに富んでいる。量なら大学のクラブ。だが保守的な伝統があるところだと「一緒にどうですか」の一言を引き出すのは難しい。ガイドパーティもお客さんのための食糧計画が決まっているだろうから、おこぼれに預かるのは厳しいだろう。でも、お客が個人的にもってきている食料は期待できる。

先行者の足跡はよどみのない的確なルートファインディングで下降を続けていた。泳ぐべき淵は躊躇なく飛び込み、淵の下流の河原には泳いだ人間が水を滴らせながら岸に上がった跡が残っていた。なかなかの登山力をもった連中とみた。

跡に習いながら岩にへばりつき、沢に飛び込んで、先を急いだ。他者を襲うケモノの興奮が湧いてくる。屈曲した流れを曲がったところで、数人の先行者が目に入った。予想以上に早く追いつけた。悪場に苦しめられるかもしれないと思った支六ノ沢で人に会え、僕はほっとしていた。先行者に見つかるまえに岩陰にザックを降ろし、ナッツを食べた。このあとは重要な交渉になるので、一息入れておきたかったのだ。

前をゆくのは四人の若者だった。すぐ下の細長い淵を抜けた河原で休んでいた。ザックを降ろして行動食の入った袋に手を突っ込み、無造作に口に運んでいる。腰のハーケンがちゃりちゃりと音を立て、使い込まれた気取りのない装備から経験の深さとローカル性がうかがえた。北海道にある大学の登山系クラブ。年間をつうじてしっかり活動しているうえに、今回は上級生だけが集まったパーティと見た。

上流から現れた僕を目にした彼らの反応は複雑だった。日高の沢で登山者に会ったこと、そしてその登山者が単独だったこと、そのうえ、自分たちのフィールドとも言える日高で追いつかれたこと。そんな不慣れな事象が重なって、状況をうまく飲み込めないようだ。

「支六ノ沢には一ヵ所悪いところがあると聞いてたけど、どのへんなのかなあ」

挨拶をしてから僕は聞いた。

「この上のことじゃないですか。もう十字峡まで悪いところはないと思いますけど」

半透明の袋を透かしてお菓子が見えた。包装紙に包まれたままのお菓子たちが魅力的だ。重量など気にせず放り込んできたのだろう、一日ぶんにしてはやけに多い。

「今日の泊まりは十字峡？」

「たぶんそうなると思います」

「じゃあ一緒だ」とさりげなく言った。

「どうも」

「よろしく」

「どこからきたんですか」

「今日はペテガリのCカール。入山したのは日勝峠からなんだよね」

シンプルに言った。彼らの醸し出す雰囲気から、余計な説明は不要だと思った。予想どおり、曖昧な笑顔を浮かべたまま一瞬の沈黙があった。彼らは耳に入ってきた言葉から、地図を思い浮かべ、頭のなかで行程をなぞり、その信憑性を僕の姿格好のなかに探している。

「長い」と別のところから声が上がって、あきらめたような笑いが起こった。

「しかも、ゴールは襟裳岬。まあ計画だけど」

若者たちは北大山スキー部の若いOBだった。少し雑談をしたが、話が長くなるまえに僕は下流を確認するようにのぞき込んで、「つもる話は夜にしようよ」といって休憩中の彼らをおいて先に川を下ることにした。ここで話し込んで、下心を覗かれたくなかったのだ。

どんな夕飯なんだろうと考えるだけでうきうきした。僕が学生のころ、山で食べる旨い物と言えば麻婆春雨だった。麻婆春雨だったらいいなあと思いながら沢を下っていった。

十字峡に着くと、彼らのテント場には別の若者が待っていた。その彼が僕の出現に驚いている。挨拶をすると「四人パーティーを見ませんでしたか」と返ってきた。

「見たよ、すぐ上で。もう降りてくるよ」

若者の顔に安堵の色がひろがった。

「五人だったんだ」

「僕が昨日の下りで足をひねってしまって、計画を少し変更したんです」

僕が行こうとしているソエマツ方向から来たという。

「今日はここに泊まるんでしょう。俺、横に泊まってもいいかなあ。ほら、焚き火ふたつするのも馬鹿らしいじゃん」

「いいですけど、できれば、今日中に少し降りたいんですよ」

「えっ?」と思わず口にして、動きを止めてしまった。

「林道が長いんで、明日のために少しでも降りておきたいんです」と足を気にしながらその彼は言った。

行程が長いんで、変わったものを食べておきたいんです、と僕は心のなかでつぶやいた。しばらくして後続の四人が降りてきて、ボソボソと話していた。結果、足をくじいた青年が「やっぱり、少しでも下に行きます。明日の林道も長そうだし、下に行けば岩魚もいるし」と申しわけなさそうに言った。

彼らが出発の準備をするのを眺めていた。いらない食料が出てくるのではないかと期待していたのだ。だがその気配はないようだった。

「何か食べるもの余ってたりしないかなあ」と、ちょっとおちゃらけて聞いてみた。冷めた笑いが起こった。なに言ってんのこのおっさん、という感じである。

「お茶ならたくさん余ってますよ」といいながら若者は行動食をもりもり食べていた。そして彼らはザックを背負った。妻に伝言を頼もうか悩んだが、格好悪いので言い出せなかった。

「あと何日ですか」

若者の一人が聞いてきた。

「天気がよくって一〇日くらいかなあ」

「なげーぇ」とみんなが言い合い「がんばってください」と続いた。

「ああ……(食料が行ってしまう)」

五人は下流に歩き出した。僕は泊まり場を整備して、薪を集めて火をつけ、ゴマ油とエビパウダーに、下降尾根の途中で採ったヌメリスギタケを入れた日高ライスを食べた。

休憩中の彼らに出逢ったとき、もっと長話をしておけば、情が移って一緒に泊まることになっていたのではないだろうか。早めに泊まり場について自分のスペースを確保しようとしたことが裏目に出たかもしれない。

薄暗くなりはじめ、沢を下る風が少し冷たかった。藍色に染まった空を見上げると、小さな雲が夕日に照らされて暖かそうだった。

食後のお茶を入れると、砂糖がもう残り少なかった。やっぱり砂糖だけでもと、僕は降りていってしまった食料のことをずっと考えていた。


ソエマツ岳直登沢からソエマツ岳へ。そしてヌビナイ川へ下る。登りに四〇メートルの大滝。下りにも大きなナメ滝が連続する。すべて岩を伝って問題なくやり過ごすことができた。この手の滝をロープで確保をしないで登れるのか、ロープを出したほうがいいのか、瞬時に判断できるようになると、ソロの溯下降はテンポがよくなる。逆に不要なところでロープを出していたり、ロープの確保を面倒がった結果、怖い目に遭ったりしていると、出来高は上がらない。

ヌビナイ川の二股に出て、少し登り返し、上の二股（九九〇メートル）に泊まった。標高八〇〇メートルほどまで降りても、日高ではまだ川の源流部に魚影はない。下調べどおり稜線を越えた向こうにある春別川《しゅんべつ》まで岩魚はお預けのようだ。

北アルプスや南アルプスでは二〇〇〇メートルを超えても岩魚がいる。北海道の山全体にいえることだが、とくに日高は山の原始性が濃い。本州の常識では、原始性が濃いとは人が少なく岩魚が多いことを指すが、北海道は原始性が濃すぎて、上流部に岩魚がいない。魚止めの滝が本来のまま残っており、源流部に岩魚が上がっていないためだ。

この日高山行の計画を立てるにあたって、僕がもっとも気にしていたのは魚止めの場所だった。岩魚が釣れなくては食糧計画が立たないからである。日高の魚止めはおそらく地球に岩魚が出現してから変わっていないように思われた。

　本州の沢は昔から山人の手が加えられ、大きな滝上にも岩魚はいるし、沢にはほとんどの支流に名前がついている。日高の山には杣道《そまみち》や峠越えを想像させる地名はほとんどなく、かなり立派なピークでも測量番号で呼ばれていたり、番号すらない無名峰が多い。源流部に近くなると沢の名前は一ノ沢、二ノ沢という番号や、ピリカ北面直登沢などと登山者が便宜的につけたものになる。屯田兵的な倭人《わじん》ご都合主義臭さもするが、いまではそれが日高らしさにもなっている。

　北海道の山に人の匂いがしないのは、先住民の文化が海辺の文化だったからではないだろうか。絶対的に少なかった人口や、北の大地の気象の厳しさ、そしてもちろん北の海の豊かさなどにより、山に住む文化がそれほど発達してこなかったのではないかと僕は考えている。逆に本州の山々への侵入が、少なからず落人の名残りをとどめていることを考えると、北海道に住んだ人々は穏やかで平和的な生活を続けてきたのかもしれない。

　ヌビナイ川を遡行し、日本マイナー名山にも指定されているピリカヌプリに登頂した。マイナー名山とは登山道が造られていない、原始の姿を残す名峰のことだ。日本全国から十二山選出されている。日高には条件に該当する名山が多いが、それらを代表してピリカヌプリがマイナー名山に入っている。

　ピリカヌプリは日高南部の要所といってもいい。僕が登ってきた北東面のヌビナイ川以外に弱点がなく、南進するのはやっかいだ。南西面は春別川（日高幌別川）の源頭ピリカ南面直登沢、南東面はヌビナイ川左股川（クマの沢川）のピリカ東面直登沢、どちらも一級の険谷で、下降するのはそれなりの装備に加え、技術と労力が必要になる。いまの僕にはハーネスもハンマーもハーケンもまともなロープも捨て縄もなく、とても険谷を下降することはかなわない。当初から高い登攀技術を要するところは避けて、体力と根性で藪をゆくという計画だったのだ。この先は悪い沢を敬遠して藪をゆくことになる。距離的な行程の折り返し地点はペテガリ岳だったが、気持ちの折り返し地点はピリカヌプリだった。これから重労働がはじまるのだ。

ところが主稜線を少し縦走すると、藪に点在するケモノ道は明瞭だった。南に来て鹿が多くなったためだろう。ときどきピイと叫びつつ、突然藪のなかから飛び出してくる鹿には、こっちも飛び上がってしまうが、踏み跡はありがたい。藪を飛ぶように逃げていく鹿が転んで崖から落ち、食料に変わらないかと何度も期待したが、連中もそれほどぬけてはいなかった。

小さな黒い陰が水の中を走って消えた。主稜線を東に分け、西に下る支尾根から、春別川に降りてすぐのことだった。魚影のはずだが、木陰が波で揺れたのかもしれない。ぬか喜びの精神的落胆を避けるため、判断基準を厳しくする。

森に囲まれた谷のなかを下っていくと、ふたたび小さな陰が二つ流れを走った。水中の岩魚といえども、静止状態から一気に加速するわけではない。その気で見ていれば、すばやく泳ぎ出す直前に身をよじって、尾ビレをはたく瞬間を確認できる。尾ビレをはたいて動き出したら、人の目にはもう黒い影がサッと流れていくようにしか映らない。

グッと拳を握った。岩魚の存在は食料の調達だけでなく、この先で大きな滝に苦しめられることがないことも示している。すでに頭のなかでは今晩のメニューを考えはじめていた。刺身、塩焼き、燻製。とりあえずゴマ油で揚げたムニエルをいやというほど食べたい。刺身にするほどの大物が釣れるだろうか。

興奮で歩みはどんどん速くなる。中ノ川に降りてから一日に二回くらい、河原の砂場にヒグマの足跡を見ていた。沢の曲がり角では、先をチラリとのぞき込むようにして、動く物体がなければ先に進む。春別川も高度を下げ、穏やかになり、いたるところにヒグマの足跡が残っていた。角度によって倒木が丸く見えたりするとドキリとする。左右の斜面もときどき気にして見上げて歩く。

もちろんヒグマ対策は考えていた。数年前まで漠然と日高に行きたい、行かなくちゃと思っていたときは、どうにかして大口径の拳銃を手に入れたいと思っていたほどである。悪ガキの例に漏れず、僕もミリタリーマニアだったころがある。子供時分に得た知識から日高に持っていくなら何がいいかを本気で考えた。軽量性と使いやすさはスミスアンドウエッソンJフレームのM36。これはゴルゴ13がいつも懐に入れているやつ。ノーマルの38口径でヒグマと戦えるのか不安が残る。コルトガバメントの小型版にデトニクスがある。45口径ながら小さいのでいいかもしれない。現実的に手に入れやすいのはロシアのトカレフだろう。だが美しさが決定的に欠けている。猟銃の銃身を切って携帯するか……。

検討の結果、僕がヒグマ対策で持っていったのは、有効射程範囲が五メートル、殺傷能力ゼロのトウガラシスプレーひとつだった。

二股には、テニスコート五面ほどの平地があった。平地はまばらな笹に覆われ、若い樹木が点在している。木材の集積場でもあったのかもしれない。人にとって気持ちがいい場所は、おそらく熊にもいいところだと思うが、考えても仕方がない。シェルターを張ってさっそく釣り開始。

渓は樹林に覆われていた。今回はテンカラの道具しか持ってきていない。テンカラはシステム上、渓が木々に覆われていると、性能を十分に発揮できない。それでも振り込むときはまだ竿を倒したり、しゃがんだりと気を遣いながら行なえるが、問題はアタッた（魚が食いついた）ときだ。つい、張り出した枝の存在を忘れてアワセてしまう。オショロコマは小さく、ハリ掛かりしないことが多い。毛バリは「ピン」とオショロコマの口を掠《かす》めた感覚を残して宙に舞い上がり、上の樹林を釣ることになる。うまく釣れたところで十五センチほどの、本州ならマメタンクとバカにする放流サイズであり、割に合わない苦労を重ねているようだ。

高さ五〇センチほどのナメ滝の下から数匹のオショロコマを引き抜いた。奥行き五メートルほどの小さな溜まりだが、魚が群れているようだ。そろそろ場所を変えようかと思って一振り、いきなりガツンと竿が激しく引き込まれた。

マメタンクとはまったく違うこの手応え。肉体が自然に反応し竿を立てる。イトが水面を切り裂きながらビーンと鳴き、イトの先の物体は、蛇行しながら泡立つ落ち込みに向かっている。あわてて少し竿を倒す。ハリスは一・七号。そこそこの大物では切れはしない。水の中の物体が思わぬイトの反発に抗《こう》しきれず、翻《ひるがえ》って黒く光った。オオサンショウウオ?……は北海道にいないはず。もう一度身をよじって流れに乗り、溜まりを飛び出した。大きな岩魚だ。体をくねらし、開いた口の奥に赤いエラを見せ、僕の足下を泳いで下流に走る。竿を立てたまま後を追った。だが、下られすぎてはまずい。すぐ下の広い浅瀬で、岩魚の頭をいなすように右に向けた。格闘数分、疲れて動きの鈍くなったそいつを河原に引っ張り上げた。四〇センチを超えるアメマスだった。

アメマスとは岩魚のなかで、海に下ったものをいう。ヤマメが海に下ればサクラマス、アマゴが海に下ればサツキマスになる。サケ類はかならず海に下るが、マス類はテリトリー争いに負けたものだけが、海に下るといわれている。海は生き物たちの混沌の世界。もちろん川より生存環境は厳しく、生き残れる確率は川に比べて低くなる。だが海では川の魚たちが見たこともないエビやカニや小魚を食べることができる。生命の危険と豊かな食料というハイリスクハイリターン。海での生存競争に勝ち残ったマスは、巨大化して川に戻ってくる。

サケの身が赤いのはエビやカニの成分だという。今回釣ったアメマスもエビ・カニを食べていたのだろう。捌くと身がサケのように赤白かった。胃は細い管のように細く、エサは何も入っていなかった。

海から川に戻ってきたサケマス類は何も食べないとされている。何も食べないのに釣り上げられてしまったのは、目の前に流れてきた毛バリという妙な物体に興味を示したか、怒ったかして、人が手を出すように口を出してしまったためだ。あげく、せっかく海から上がってきたのにハラワタを抜かれ、片身は刺身に片身はムニエルにされてしまった。骨をすいてなお、ハラミが残ったのは源流で魚を捌いてはじめての経験だった。

シュンベツ5号川からカタカナのほうのトヨニ岳へ。豊似川左股沢を下降したが、南東面の沢は悪く、ザックを三回ロープで下ろさなくてはならなかった。

豊似川を下るとポン3ノ沢にでる。ポン3ノ沢は国道二三六号と隣接しており、見上げると沢をまたぐように道路が走っていた。流れのなかに引っかかっているビニールも久しぶりだ。車の音が聞こえなくなるまでがんばって歩き、小さな平を見つけてそこを寝床に決めた。

いつものようにじゃまな草木をちぎり、シェルターを立てる。ニンニクの匂いがあたりに漂っていた。入山一八日目、とうとう僕の体臭もニンニクになってしまったのかと、腕や腿《もも》に鼻を当ててみるが、垢と汗と埃《ほこり》の匂いしかしなかった。ニンニクくさいのは指先だった。

見まわすとギョウジャニンニク（アイヌネギ）の枯れ草が点々としていた。春の姿しか頭になかったので気がつかなかったのだ。そのギョウジャニンニクに手を伸ばすと足の下にぐにゃりと柔らかい物質の感触。ヒグマの糞を踏んでいた。僕の足形をきれいに残した糞をよく見ると、ほとんどギョウジャニンニクの繊維だった。

顔を上げてあたりを見まわし、もう一度、糞を観察する。いまさっきしましたという感じではなかった。一日か二日前のものだろう。日高ライスのトッピングに欠かせない乾燥ネギは前半戦ですべて使い果たしていた。ギョウジャニンニクは乾燥ネギに代わってくれる貴重な薬味になる。糞ごときでここを去るわけにはいかないし、ヒグマから逃げる場所などどこにもない。枯れたギョウジャニンニクの根元を掘ると、期待どおりラッキョウのような球根が出てきた。

春別川で釣って焼き枯らしてある岩魚を入れ、岩魚入りギョウジャニンニク日高ライスを作って食べた。そして、ヒグマが怒って襲って来ませんようにと、いちおう一回祈ってから眠った。

野塚《のづか》岳から先は草原状の稜線についた鹿の踏み跡を利用してオムシャヌプリ（双子山）へ。その先もケモノ道を利用して距離を稼ぐつもりだったが、藪が薄いのは野塚岳周辺のみで、途中からまた進まなくなり、逃げるように楽古川に下った。楽古川はナメ滝が発達していて、ちょっと悪い。

壊れた林道が入ってきている二股まで降り、泊まり場の前の小さな淵に毛バリを振り込むと、オショロコマが食いついてきた。南部の沢には奥のほうまでオショロコマが入り込んでいるようだ。人やハリを知らないようで、虫が落ちたように毛バリで派手に水面を叩くと、疑うこともなく何度でも食いついてくる。どうやら今後、岩魚の調達に関しての心配はなさそうだ。

焚き火をおこし、まずムニエルを作る。ちゃんとムニエルを作るときは調理のまえに岩魚を少し風に通したほうがいい。水分が多いままだと身が反り返るうえに、フライパンにくっついてしまうからだ。

いまの空腹状態では干していられるほどの余裕はなく、岩魚を開いて、すぐにフライパンに投げ込み、皮がへばりつかないように細かくフライパンを揺すった。しかし、身が反りはじめ、それを押さえたり、ひっくり返したりしているうちに、揺らす手のほうがおろそかになり、箸のゆき届かない岩魚がフライパンにくっついてしまった。慎重に剝がしたつもりでも、皮がフライパンに残ってしまう。へばりついた皮が焦げると身まで焦げ臭くなるので、へばりついた皮を箸でガリガリと剝がす。その力が余って、岩魚の身に箸をつっこんでしまい、身が崩れる。別のところでは、別の身がまたフライパンにくっついていたりする。やけくそ具合はどんどん増していく。

崩れかけた身から骨を取ってしゃぶって投げ捨て、身だけになった岩魚をかき混ぜた。ちゃんと作ったムニエルに比べると歯ごたえが格段に落ちるが、ちょっと焦げたゴマ油が香ばしい岩魚のペースト。残りの岩魚は開いてから焚き火の上に吊しておく。今晩と明日の朝のムニエル用だ。いまのはおやつで、これから米を炊き、夕食はまた夕食で別に作るのである。


北から始めるにしろ南から始めるにしろ、日高全山とは一般的に北は芽室岳、南は楽古岳が起点終点とされている。僕は北から始めたので、楽古岳に着けばとりあえず日高全山の格好はつく。「登山など自分が満足すればいい」という境地に僕は達していない。他人の評価は気になるし、労力をかけ、人生の一部を犠牲にしてやってきたことに、目に見える結果が残るのは安堵感があるものだ。

いつのまにか、クロマメの木が実りの時期に入り、たくさん実っているところでは座り込んで口に運んだ。藪は濃かったが、楽古岳周辺の藪のなかにはギョウジャニンニクが生えていて、うきうきしながら歩くことができた。

楽古岳のピークから北を見る。オムシャヌプリ、野塚岳、トヨニ岳にピリカヌプリくらいしか同定できず、日高北部の山々は黒い皺になって重なっていた。

南側を見ると、日高山脈は太平洋に突き出すようになだらかに続いている。山並みは低く、平らにのばした粘土を少しつまんだ程度だった。

楽古岳と芽室岳をつなぐ日高全山登山は夏冬これまで何人かの人がやってきている。僕の計画は襟

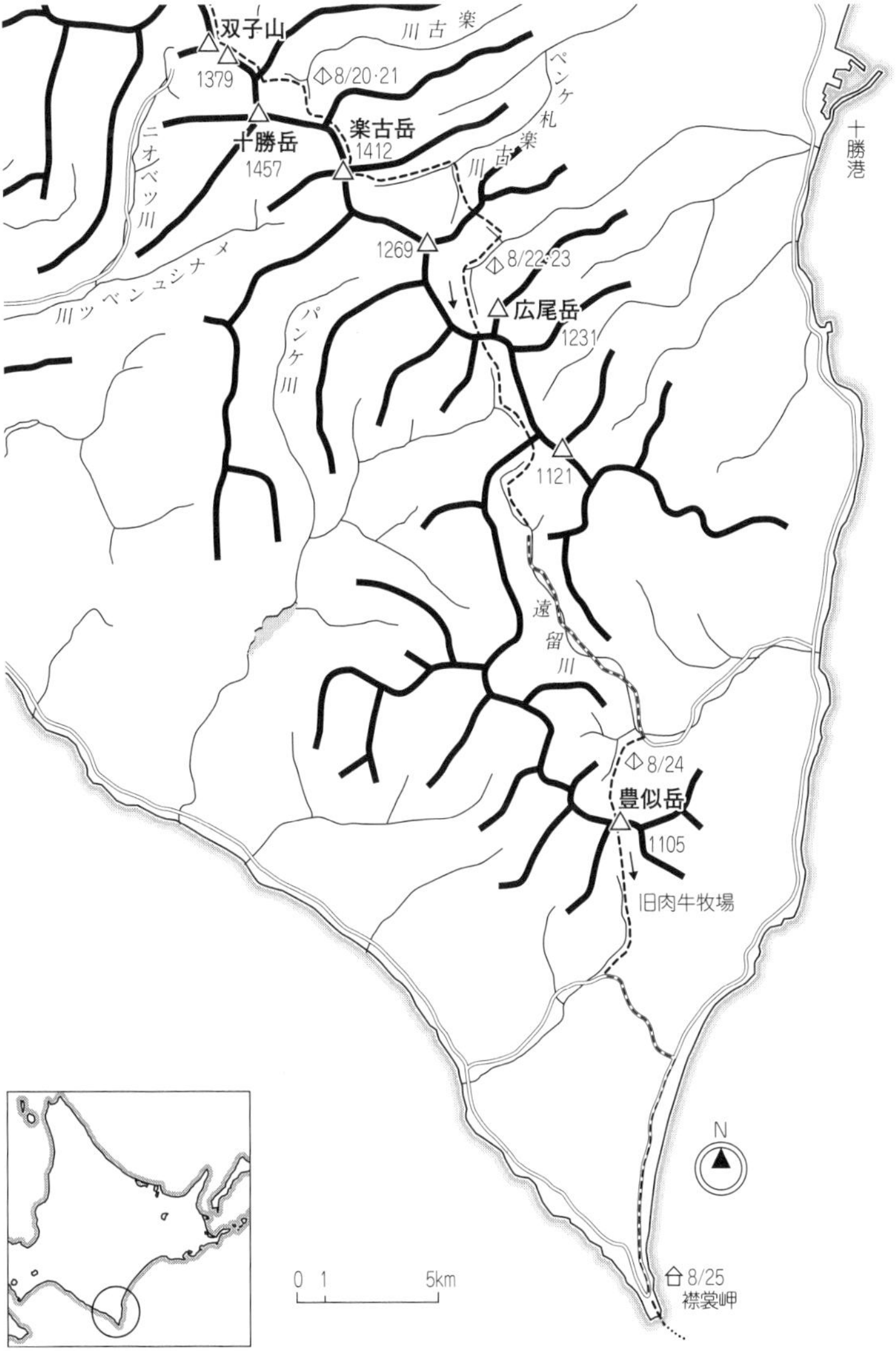
双子山
1379
楽古川
8/20·21
十勝岳
1457
楽古岳
1412
ペンケ札楽古川
十勝港
ニオベツ川
メナシュンベツ川
1269
8/22·23
広尾岳
1231
パンケ川
1121
遠留川
8/24
豊似岳
1105
旧肉牛牧場
N
0 1 5km
8/25
襟裳岬

裳岬まで歩くことだった。山中二四泊という数字は長くて大変そうだが、それだけ歩かなければ抜けられない窮地ではなく、地図を見て、山のなかを縫うようにあえてつなげているにすぎない。襟裳岬まで行こうというのだって、僕の個人的なこだわりで、登山としての必然性はない。

麓につながる二本の登山道から目を背け、楽古岳からペンケ札楽《さつらっこ》古川を下る。ゴルジュの途中で腐敗臭がしたので、見まわすと、すぐ足下に大きな鹿の死骸があった。台風一〇号でやられたのだろう。台風のあと、死んでいる動物を探しながら歩いてきた。小さな鹿の死体にでもぶつかれば、岩魚で何匹になるのかわからない量のタンパク質がとれ、栄養価の高い内臓まで手に入ると思ったのだ。

だが目の前の光景を見ると、その考えは浅知恵のようだった。骨だけになった鹿の周りにはヒグマの大きな糞がたくさんあった。ヒグマは多量の食料を見つけると、食い尽くすまでその場を離れないという。大型動物の死骸などを見つけたときは、その死骸の上で眠るらしい。わざわざ死骸を布団にする必要もないと思うのだが、大自然のなかで生きていくとはそういうことなのだろう。僕の周りに落ちている大量の糞は、そのにわか知識を裏づけていた。すでに台風から二週間、食い尽くされた鹿だったからいいようなものの、ちょうど食べごろにここを通っていたら、鹿に固執するヒグマに鉢合わせして、僕が掛け布団になっていたかもしれなかった。

悪い沢を冷や冷やしながら下り、壊れた林道を歩き、ギョウジャニンニクを掘って、小さなオショロコマをたくさん釣った。三週間以上も続けてきた過酷な労働のために、僕は慢性的に不機嫌だった。気を抜く瞬間はなく、絡む相手もおらず、虫さされは増え、小さなアクシデントでつけたアザやキズは無数にあり、爪は黒く、指はゴツゴツになっていた。最初のころ気にして、まめに行なっていた洗濯や手洗いはすでにどうでもよく、甲子園も幕を閉じ、僕がなんとなく応援していたハーフの投手がいるチームは準優勝に終わった。

あと一日歩けば街に降りられるところまで来ていた。いつものように三時四五分に起きて外を見ると、天気は下り坂で雨になりそうな霧が立ちこめていた。海が近いためか、南に来てからぐずついた日が多くなった。だが降りられる、というよりは降りていいんだと思うと、天気が悪くてもシェルターの中で寝転がっているわけにはいかなかった。いつものように朝の炊事を淡々とこなし、目の前の沢を詰め上がって、八時半には日高最南のピーク(と僕が決めた漢字のほうの)豊似岳に登頂した。雨が降り出していた。はるか下に、裾野に広がる牧場とその管理棟のような建物が見え、その先には海が広がっていた。

そのまま、休まず二時間以上歩きつづけた。立ち止まるといやなことが起こるような気がして、長い山行の最後はいつも急ぎ足になってしまう。

そして、えりも町の旧肉牛牧場に下山した。

牧場の脇で渓流足袋からスポーツサンダルに履き替えていると、草原の向こうに土煙が上がり、一台のトラックが現れた。僕の存在に気がついたようで、遠くでひととき停まっていたが、その後、ゆっくり近づいてきた。

そばまで来ても、運転手のおじさんは幽霊でも見るかのように運転席からぽかんと僕を眺めていた。僕にとっては五日ほど前に会った地質調査の先生以来の人間だ。僕はザックに座ったまま、帽子のつばに手を当てて小さく頭を下げた。

「熊かと思ったよ」

「山登りです」

「どこにさ」

「北のほうから。ちょっと長く。今日は豊似岳のむこうからです」

言ってる自分が笑い出してしまいそうなスーパーダイジェストだった。だが、二四日間、山にこもっていたと言ったところで飲み込めるわけがない。

「遠留《えんる》川のほうか」

「そうです」

おじさんは珍しいものでも見せられたかように「ふうん」と息を抜いてから、タバコに火をつけ、身を乗り出すように片肘をドアにのせた。「山のなかに一人で泊まって、怖くないかい？」

「どちらかといえば、里に近いほうが怖いですよ。人間のほうが何をするかわからないから気味が悪いでしょう」

おじさんは吸い込んだ煙を大きく吐いてから「俺にとっては、あんたのほうが気味悪いよ」と言って、うれしそうに笑った。人が笑うのを見るのは久しぶりだ。歯が何本かなかった。

「襟裳岬に行くのはどの道ですか」

「この道をまっすぐ行けばいいよ。たくさん林道が入っているけど、電線をたどっていけば国道に出られるから」

僕が熊でなかったことを確認したおじさんはトラックを回し、アクセルを踏んだ。と思ったら、少しトラックをバックさせ、運転席から身を乗り出した。伸ばした手の上に飴玉が数個のっかっていた。

「ほれ、なめながらいきな」

「ありがとうございます」

「乗せてあげられりゃいいんだけど、仕事があっからさ。歩きなら頑張っても、岬まで半日はかかるよ」

いつものように三時四五分に起き、寝静まったユースホステルを出る。緑と白の非常灯に照らし出された廊下が、ぎしぎしと鳴った。襟裳岬へは車道を歩いて二キロほどある。昨日からの雨が降りつづいていた。玄関の傘立てから、所有者のいそうにないボロを選んで、手に取った。

東の空が少し明るくなりはじめ、まばらに広がった黒い雲を浮きだたせていた。ときおり、思い出したように海から風が吹き、雨は横なぐりになった。風の呼吸にあわせて傘の角度を変えながら歩道を歩く。漁師とおぼしき人たちが集まって、海を見ながらなにか話し合っていた。車がせわしなく走り抜けていく。

昨日、えりも町に着いたのは、ほんとうに牧場から半日後だった。アスファルトの上を歩くことが辛く、何度も道路の傍らに座り込んだ。追い越す車が止まって乗らないかと誘われたら、断る自信はなかった。かといって、自分から手を挙げることはせず、車のほうにもそれほどのお節介はいなかった。

えりも岬町に入り、小さなスーパーを見つけて、二四日ぶりにお金を使った。総菜のコロッケ二個と栗アンパン、そしてパンツを買い、安い民宿を尋ねると、ユースホステルを教えてくれた。着替えを持っていなかったので、洗濯機のあるユースはありがたかった。岬は翌日の楽しみにとっておいて、僕はユースに入った。

風に煽られた雨を傘で避けながら緩い坂を上りきると、岬観光のための駐車場に出た。遊歩道に入ると、伸びるままになっている笹の葉が足元を濡らし、それを気にして歩いているうちに岬に出ていた。

目の前で、日高山脈が海に突き出た岬になり、海中に沈んで消えていた。黒く不気味な空がその上をどこまでも覆っている。

灯台を囲む柵の上にカメラを置いて、セルフタイマーで写真を撮った。雨がぱらぱらとセメントの地面を叩いた。写真を撮り終わるともうやることがなかった。

二五日間続いた旅が終わろうとしていた。まだ先には岬の突端につながる歩道があり、その歩道の終わりに小さな神社が見えていた。若いカップルが雨を避けるように身体を寄せ合って現れ、それを機に展望台をあとにした。まだ朝の四時だぜ、と思ったが、案外、襟裳岬で日の出を見たいという観光客は多いのかもしれない。

この旅の終わりとして僕が山のなかで何度もイメージしていたことは、フェリーに乗っている自分の姿だった。すし弁当と冷凍枝豆を盛大に買い込んで思うぞんぶん食べ、船の風呂に何度も入るというのが、手が届く範囲で最高級の贅沢だった。山行中はすべての山、すべての沢で翌日にいたるまでの過程をイメージしていたのに、襟裳岬に立つ瞬間は山中で一度も思い描いていなかった。牧場に下山してからも宿や着替えや食事などの心配に押されて、ただ歩いて行けばいいだけの岬については何も検討していなかった。目標として合い言葉のようにつねに頭のなかにありながら、到達するための具体的な障害がなにもなく、心がまえがなかったたぶん、濡れた笹を気にしながら歩道に誘導されるように着いてしまうと、目の前の風景は静かな不意打ちで、僕を動揺させていた。

自分の心を定めるように、神社に手を合わせ、敷石に腰を下ろした。岬の先端には昆布を干すために黒い石が敷き詰められた小さな広場が点々としていた。海が左右に広がり、日高山脈は陸から離れるほど小さな岩礁となって、波をかぶり、海に没している。日勝峠から直線距離で約一四〇キロ、歩いた距離は倍近くになっているはずだ。その山脈が足元から崖を二〇メートルほど降りたところで海水をかぶっていた。

「無職になってしまったな」と突然思った。海には同じテンポで波が立ち、踊るように揺れている。

このさき僕はどうなるのだろう。昨日までは山行全体を意識しながら、目の前のすべきことを淡々とこなしていればよかった。いま、やるべきことがいよいよなくなって、ようやく僕は無職であるということを強く意識した。

灰色の太平洋は眺めつづけるような風景ではなく、風も強かった。どうすればいいかわからなくて、時計を見た。いつもならミルクティをたっぷり飲んでいる時間だ。いや、旅の後半は砂糖とミルクは切れたので、ストレートティだった。そして、日高ライスか、納豆ふりかけバターライスを食べながら、NHKラジオの「おはよう朝一番」で天気概況を聞き、ほぼ出発の準備を終えているころだ。そのあともう一度、地図でおおよその行程をイメージし、時計についた高度計を確認して出発する。

だがいまは、考えるべきこともやるべきことも何もなく、黙って波が揺れるのを見ているしかなかった。

「よし」と小さく口にして立ち上がった。

ユースに帰ってたっぷりお茶を飲もう。そして今夜のフェリーに乗ろう。

二、三歩歩くと背後でパタンと本が閉じるような音がした。「ん?」と思いながら、さらに数歩。後ろ髪を引かれるように振り返った。

岩礁が波に洗われているだけだった。

ひとつの山旅とはいったいどこで終わるのか、長年の疑問だった。下山口に着いたときか、打ち上げで乾杯したとき、もしくは電車から登ってきた山並みを眺めたときか。だが、終わったと実感したとき、その山旅は少し前に終わっていたような気がいつもしていた。

襟裳岬に背を向けた瞬間につぎの人生が始まった気がした。明確な終わりのある山行が気持ちよくて、海をすこし見ていた。

Ⅲ　冬黒部

黒部とは

僕がはじめて黒部横断をしたのは一九九六年の年末から一九九七年の正月のことである。梶山正《ただし》、和田城志《せいし》と三人で吹雪の鹿島槍ケ岳を越え、牛首尾根から二回の懸垂で黒部川の谷底に降り立つと、目の前に現れた黒部川には粘りけのある黒い水がごうごうと重そうに流れていた。

少なく見積もっても水深は腰くらいまでありそうだった。僕は一目で「これは渡れない」とあきらめた。つづいて懸垂下降で降りてきた和田が下降器からロープをはずしながら言った。

「お、いけてるやないか」

耳を疑った。しかし「これが?」とも聞けずにきょろきょろしていると、和田は「いこか」といいながら黒部川にそのまま身を沈めていった。

すでに日も傾いて、谷間に差し込む光はなかった。空は黒い雲に覆われて、いまにも雪片が舞いだしそうだった。和田はヘソまで水に浸かり、流されそうになりながらも、ずんずんと黒い流れのなかを進んでいった。

目に映っているのは、狂態ともいえる光景だった。いまは他人事でも、数分後には自分も同じことをしなくてはならない。昔、山仲間から「冬の十字峡を泳いで渡った奴がいるらしい」と聞いて笑ったことを思い出した。「すげえ馬鹿だな」とそのとき口にした賛辞がいま、そのまま自分に当てはまろうとしていた。

一九九六年の秋にK2の遠征から帰国した僕は、そのまま山岳雑誌の編集部に参加した。はじめての編集会議で「何かしたいことある?」と聞かれた僕は「和田城志にインタビューしたい」と答えた。

和田城志。カンチェンジュンガの縦走に成功し、ランタンリルンの初登頂、マッシャブルム、ブロードピーク登頂。ナンガパルバットだけは数度遠征を出したにもかかわらず登れていない。国内では二〇年近く連続して冬の黒部に赴き、人がほとんど見たことすらなかった豪雪の黒部を歩いてきた。

冬の黒部横断という重厚な登山に長いあいだ憧れていた僕は、そのまま黒部横断の猛者とも言える和田と和田が率いる登山集団のサンナビキ同人にも憧れていた。

だから、山岳雑誌の編集に参加しないかという話があってからずっと、それを利用して和田城志に会おうと思っていた。和田へのインタビューは確信犯的な行為だったと言っていい。

好都合なことにその秋に発売する雑誌の特集は「冬山入門」だった。

「冬山における工夫」をインタビューのテーマとして、大阪にある和田の自宅に押しかけた。和田は開口一番こう言った。

「冬山の工夫なんかないで」

あんたは何年冬の黒部・剱を登っているんだ、と僕は思ったが、ちょっと怖かったので、言葉を換えて穏便に聞いた。答えはまた一刀両断だった。

「冬山とは手先の工夫で登るものではなく、ハートで登るものなんや」

ずしんと僕の心に響いたその言葉は、いまではさまざまに形を変え、ことあるごとに思いおこす人生の命題になっている。山はハートで登る、況《いわん》や人生をや。僕はこれまでどれだけ小手先で生きてきてしまったのだろう。

しかし、インタビューが二行で終わっては困る。なんとか必死で頁を埋めるネタを集めようとする僕をよそに、和田は勝手に飲みすすめ、そのまま眠ってしまった。なりゆき上、僕は和田邸に宿泊させてもらい、それが縁だかなんだか、サンナビキ同人の一人になり、その年末には十字峡横断から大滝尾根に向かっていた。

黒部川は北アルプス中部に源を発し、北アルプス北部を縦に貫いて富山湾へ駆け下っている。南に穂高岳、槍ケ岳という三〇〇〇メートル峰を従えた飛騨山脈は、黒部川によって縦に分断され、立山、剱岳、薬師岳などを連ねる西側の立山連峰と、白馬岳、鹿島槍ケ岳、爺ケ岳などを連ねる東側の後立《うしろ》山連峰の二つに別れ、黒部源流を底辺にした「U字型」の大山脈に姿を変える。

このU字型大山脈をわざわざ横切るように登ったり下りたりする冬山登山が、黒部横断と呼ばれるものだ。

へソまである水流をなんとか渡って、十字峡を横断した僕らは、苦労して剱沢を遡行し、大滝尾根を一三ピッチ登ったところで、ナイフリッジを切り崩して空中庭園のような一晩を過ごした。翌日、さらに一六ピッチ登ったが、まだ大滝尾根を抜け出せず、悪天に捕まってしまった。

雪洞を掘って、その中にテントを立てた。それはサンナビキ同人が豪雪の黒部を生きぬくために好んで使う住居兼シェルターだった。

蠕動《ぜんどう》運動が活発で、一日に大キジ（ウンコ）を三回は撃つ（する）梶山が、一日の行動を終えて、よいしょという感じで雪洞とテントの隙間にしゃがみ込み、あたりまえのように汚い尻を出した。

「何してんですか」

「ウンコに決まってるヤンか」と梶山。

「そ、そこでですか」

「外は吹雪やど」

中華人民共和国の西のほうを旅したとき、壁もドアもないトイレを経験した。だが、日本ではまだ大便はかなり個人的な行為だと僕は思っていた。

「ウンコの匂いくらいで死にはせんで」と和田もテントの奥から口を挟んだ。二人にとってはどうやらあたりまえのことらしい。

雪は丸二日降りつづいた。雪洞テントの生活をしてみると、たしかに吹雪のなかへわざわざ排便に行くより、テントと雪洞の隙間で済ますのは、安全、快適で理にかなっていた。僕も翌日にはテントの前でズボンを下ろすようになり、しかも、トイレットペーパーを持ちだし忘れて「紙とってくれませんか」とテントの二人に声をかける余裕まで手にしていた。

ところがテントの中からは、またカルチャーショックなひと言が返ってきた。

「雪で拭けばいいヤンか」

「ゆ、雪ですか」

「インド人はみんな洗っとるで。紙で拭くほうが汚いワ」

雪洞での排便も、雪でお尻を拭くのも、言われるまで何で気がつかなかったのだろうかと思うほど、いまではあたりまえの行為になっている。


悪天をやり過ごすために雪洞に三泊した。新たな雪が一メートルほど積もり、上空には低気圧後の寒気が入って、気温が激しく下がっていた。

雪崩におびえながら八ピッチのばして大滝尾根を完登し、ガンドウ尾根に抜け出した。冷たい風のなか、ラッセルをくり返し、夕方、行動を終えテントに入ると、中では和田が靴をうまく脱ぐことができずに転げまわっていた。

僕が靴を引っ張ってようやく、バリバリという音を立て靴は脱げた。十字峡横断で濡れた靴と靴下が寒気南下の影響で凍りついていたのだ。僕と梶山も濡れてはいたが、プラスチックの二重靴だったので凍ってはいなかった。凍った靴下に包まれた足をはじめて目にした僕は、人ごとながら自分の血が下がっていく音を聞いた。

だが、和田は笑って言った。

「靴下も引っ張ってくれんか」

こんどは凍って足にくっついていた靴下をバリバリと引っ張った。指先には氷の塊が指を包み込むようについていた。僕と梶山はぽかんと口を開けたまま顔を見合わせた。和田は気にしたふうもなく「どうりで冷たかったはずや」といいながら氷をはぎ取って、足を揉んだ。

その晩、僕らはことの重大性を強調するのに必死だったが、和田にはピンとこなかったようだ。それもそのはず、結局そのとき青白かった指先は、翌日丸一日雪のなかを歩いて黒四ダムに逃げ込んだあとにも異変は起きず、帰ったあとも一枚の皮も剝けることなく、健康そのものだったという。


僕にとっての黒部の魅力のなかには、和田城志という人物の魅力が含まれている。

和田城志とはなにものなのか、いま確信できる事実は三つある。肥えた、ハゲの、おっさん。そしてもうひとつつけ足すとすれば、和田はおそらく僕が母親以外でもっとも大きな影響を受けた人間だ。僕にとってはやや屈辱だが、これも事実である。

僕より二〇歳年上の和田は、はじめて山行をともにしたとき四七歳だった。ラッセルの先頭に立つ姿をみながら「(これで体力が落ちたなら) 若いときはいったいどんな人間だったんだ」と僕は思った。

黒部から帰った僕は、編集部で雑誌のバックナンバーや、古い登山報告書をあさって、和田の書いたものを集めていった。最強といわれるシェルパより速く登ったとか、最終キャンプで食欲旺盛だったとか、そんな記述がいくつも目についた。和田が書いた登山報告や論考は、刺激的でありながら示喚に富み、小難しいことが書いてあるようでわかりやすく、それでいてちょっと夢見がちだった。やや人を挑発する雰囲気をもつその文章は、どこをとっても和田にしか書けない、個性的で引きつけられる文章だった。

「「では山登りの良し悪しの基準とは何だ」と聞かれればややこしい説明はいらない、ビビる山かそうでないかである」（『岩と雪』第一六八号「劔沢幻視行」）とか。

「善意のかたまりのような科学技術が、洗練された手段や物や情報を押しつけてくる。（中略）大自然の懐に入るむずかしさを知るばかりである」（『岩と雪』第一六九号「続劔沢幻視行」）とか。

「失敗を悪天や客観的危険（なんのことや？）のせいにするつもりはない。みんな立派に山岳の要素であり、そのなかでいかに安全に気を配り、所期の目的を遂行するかが登山というものであるからである」（『岩と雪』第一五九号「挑戦の山ナンガパルバット」）など、実践をふまえたうえで、登山の本質をまっすぐな言葉に還元していた。それはそのまま僕がまさに憧れる世界だった。

テントの中でも話題は各方面に飛んでいった。科学の話や医学の話、登山史、人間の探険史、宗教の話などである。

たとえば突然「自分とはいったい体のどこにあると考えまっか？」という質問が飛んでくる。白い息を吐きながらお茶を沸かす朝のテントの中でだ。認識・命令しているのは中枢神経系だから脳と答えるのが、平凡な答えだろう。もし自分が脳だとしたら、首から下を切り取って据え替えても、新しい体はまた自分であるはずだ。だが実際はそんなことができるとしても、新しい体は移植された首を異物と見なして排除しようとする。免疫による拒否反応である。首か体かと聞かれたら、免疫機能はボディを「自分」と認識する。体をいろいろ切り刻んで、免疫の中心地を調べてみると、胸のあたりになるらしい。免疫機能からは自分とは胸のあたりということができる。だが当の胸に免疫を司る器官があるわけではない。そのような器官は体内には存在しない（リンパ球などをつくり出したり、貯めたりする場所はある）。

「いったい自分とはなんなんやろうなあ」

和田と山に行くとそんな話が延々テントの中で続くのである。

世の中には体力のある奴や、何をやってもうまい奴、賢い奴はたくさんいる。海外で出会ったクライマーも速くて強かった。だが彼らは人間の範疇に収まっていた。

僕はかなり負けず嫌いであきらめが悪い。だから、あまり他人に対して「こりゃかなわんなあ」とさじを投げてしまうことがない。かなり凄い人間に対しても、全部負けたわけではないぞ、と、心のなかで必死に何か肩を並べられる分野を探しつづける。

しかし、和田は別ものだった。一緒にいるだけで、斬新な観念に打ちのめされる心地よい感覚に僕は何度も包まれた。速いとか強いではなく、生命体としての根本的なエネルギーが違っているとしか言いようがなかった。和田はこうなりたいと思わせる人物だった。そして、和田を虜にした冬の黒部に行ってみれば、僕も和田のような人間になれるかもしれないと思った（そのものになるのは強く遠慮します）。

できるだけ軽くて使いやすく高性能な最新装備、炊事の簡単な最新食料などを駆使する黒部横断は、自分の力で登っていることを実感したいというフリークライミング思想に反しているように見える。山で少しでも快適に過ごすために装備に頼ろうという考え方は根本的にフリークライミング的ではない。しかし、芯のところでは同じだと僕は思っている。それは何か。

信濃側から後立山連峰に登り、黒部川に下降したあと、黒部川を横断して、もう一度立山連峰に登り返し、越中飛騨側に下山する。後立山ひとつをとっても手軽な登山ではない。立山連峰黒部側の山肌は降り積もる雪に削られ、断崖になっている。ザックは壁を登るための登攀具と二週間ほどの食糧・燃料で（現代装備とはいえ）ずっしり重い。黒部川の横断地点は覗いてみるまで、どうなっているかわからず、降りても谷底はつねに雪崩の危険にさらされている。壁に取りついたら逃げ場所はない。

こう書くとかなり大変そうな登山だが、地理的な障害は副次的なものだ。労力と時間がかかるにしろ、登攀そのものは技術的にお手上げというほどのことはなく、毎日こつこつ登れるならばいつかは山頂に着き、下山もできる。そんな黒部を「恐怖の黒部」たらしめているのは、時間がかかる登攀をつねに悪天襲来の恐怖におびえながら行なわなければいけないところにある。時間がないのに時間がかかるという矛盾のあいだに生命の危機が挟まっているのだ。

低気圧の通過にあわせて、モンゴル付近に高気圧が張り出してくる西高東低の気圧配置。西の高気圧から東の低気圧に吹き込む風は日本海を流れる対馬暖流の湿った空気を取り込んで劔・立山に直接ぶつかり、水分を雪に変えて山を覆う。猛吹雪は長いときには一週間続き、その間にまたつぎの低気圧が来て、同じことをくり返す。

西高東低の気圧配置が強まると、クライミングがうまいとか、ちょっと体力があるとか、そういうものを超えて雪が降る。この雪が黒部におけるすべての決定権を握っている。いったん吹雪きだしたら、人間の能力差が雪のなかに消えてなくなり、人間の意志が入り込む余地はかぎりなく小さくなる。だが能力差がなくなるほどの環境だからこそ、強い個性が輝き出す。黒部にうごめく和田を見て、生命力の強い人間というものを、まざまざと意識したからよくわかる。

見上げると空気より舞っている雪のほうが多いのではないかと思うほどの大降雪。積雪も見る見る間に増えていく。ラッセルは遅々として進まない。世界のすべてから取り残されたような寂寥《せきりょう》感と、比較にならないものを前にしたときの無力感が背骨のなかまで染みこんでくる。冬の黒部の登山は成功するにしろ、失敗するにしろ、自分の内側にため込まれた「能力」を可能なかぎり発揮する場所なのである。

黒部では豪雪が力をもっている。その雪が山を原始の姿にリセットする。ゴアテックスやチタンのアイゼンを駆使しても、動力源を人間の心肺機能と肉体だけにしているかぎり、ここでは生身の人間が大自然とまみえるフリークライミング的な登山ができる。豪雪がフェアでかぎりなく自由な時空間をつくり出すからだ。

見た目はかなり違うが、僕のなかではサバイバル山行と黒部横断は同じベクトルをもっている。ときにでたらめで強力な環境に翻弄されながらなんとか生き残るという、生き物の本質に僕なりに近づきたいというベクトルである。

黒部という環境のなかで、生きて登って帰ってくること、それが黒部横断なのである。

二一世紀豪雪

北アルプス上ノ廊下横断～北薬師岳東稜　二〇〇〇年一二月二八日～二〇〇一年一月七日

北薬師東稜

眼下に黒く黒部川が流れていた。吹雪が世界をモノトーンに変え、僕らの身につけているヤッケやザックだけがこの世に色を与えている。見えるかぎりに生物の痕跡はなく、何百万年ものあいだ、変わることなくくり返されてきた風景のなかに僕たちはいた。

この景色を目の前にしてようやく、雪黒部を舞台に登山を行なってきた先輩たちがなぜ自分たちを「黒部の衆」と呼んだのかが理解できた。アルプスでクライミングをする者がアルピニストなら、黒部にもがく者たちを総称して名前をつけてもいい。それくらいに黒部、とくに冬の黒部は雰囲気、技術、恐怖、露出感、そして哲学まで、独自のものとしてひとつの登山世界を作り出している。

二〇〇メートルほど下に霞んで見えている上ノ廊下・金作谷の出合には、貧弱なスノーブリッジがかかっているように見えた。

クライムダウンと一回の懸垂下降で黒部川に降り立った。低気圧から吹き込む風が谷底で行き場をなくし、規則をもたずに渦巻いている。上から見えたとおり黒部川にはスノーブリッジがかかっていた。

「濡れずに渡れるかもしれない」

靴の中で足の指が動いた。衣類を濡らさずに黒部川の横断を済ませられるならそれに越したことはない。ザックをおろし、スノーブリッジの上を四つん這いになって進み、ピッケルを持った手を一杯にのばして、薄いところを叩いてみた。

「どうや」と梶山から声がかかる。

ピッケルは「パスポス」と手応えなく雪を叩いていた。

「これはやめたほうがいいですね」

ブリッジとともに黒部川に落下する危険を凌《しの》いで快適を求めるには、このブリッジは貧弱すぎる。

僕らが登ろうとしていた北薬師岳東稜は八ツ峰や黒部別山などと比べて、写真を見ても地図を見ても、技術的な難しさは感じられなかった。黒部横断の本場といえば下ノ廊下・白竜峡と十字峡である。黒部を挟む山々の迫力と困難性が群を抜いている。ダムのあるS字峡や水量の少ない上ノ廊下は、その点で一歩も二歩も引かざるをえない。

一九九七年の正月は、十字峡横断から大滝尾根完登後に八ツ峰の登攀をあきらめて黒四ダムに逃げ込んだ。一九九八年正月には小黒部谷から毛勝山に登り、北方稜線を辿ったが、このときも八ツ峰北

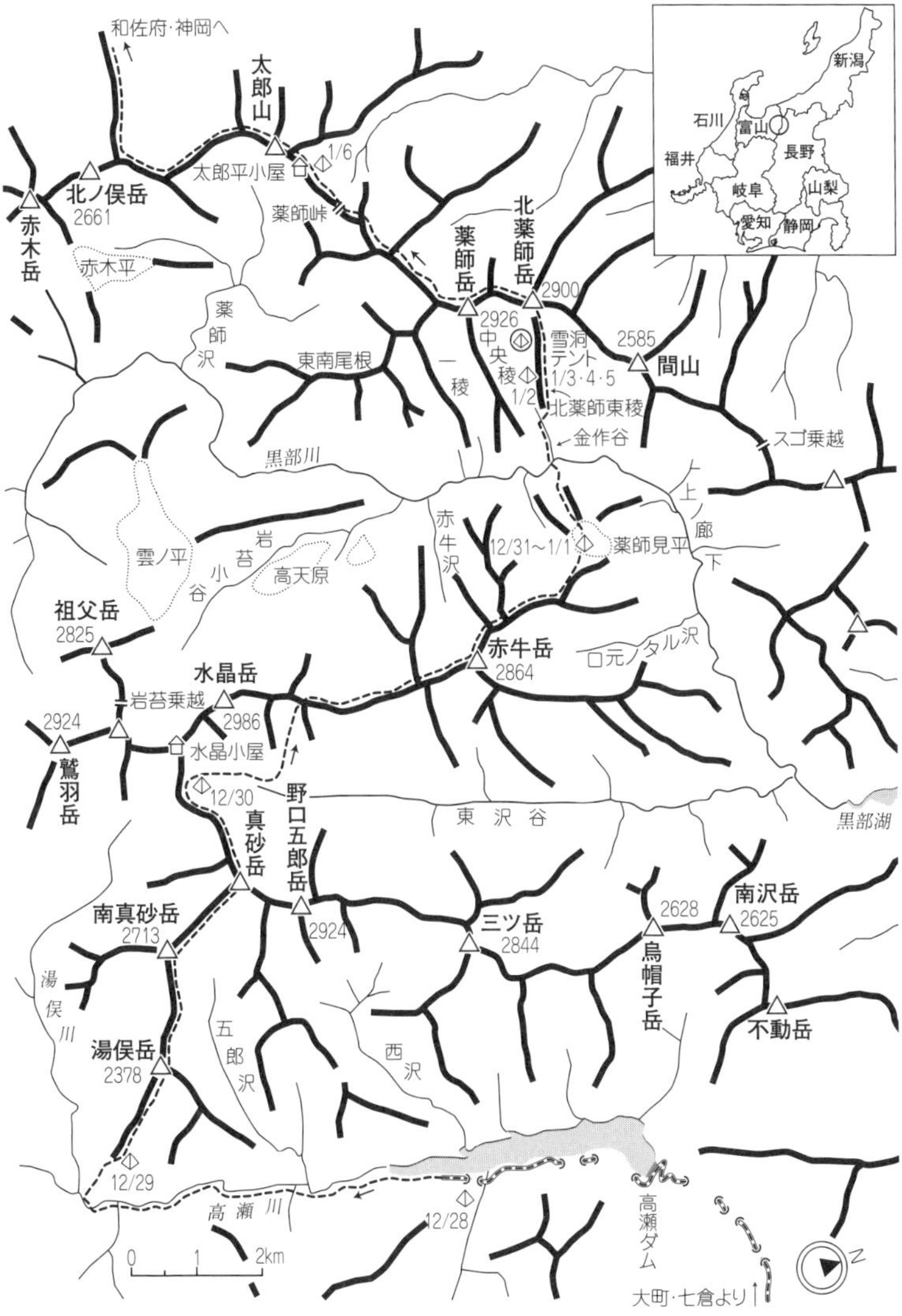
和佐府・神岡へ
太郎山
1/6
太郎平小屋
北ノ保岳
2661
赤木岳
赤木平
薬師峠
薬師沢
薬師岳
2926
北薬師岳
2900
中央稜
1/2
雪洞テント
1/3・4・5
北薬師東稜
2585
間山
東南尾根
一稜
金作谷
スゴ乗越
黒部川
上ノ廊下
雲ノ平
岩苔小谷
高天原
赤牛沢
12/31～1/1
薬師見平
祖父岳
2825
赤牛岳
2864
口元ノタル沢
水晶岳
2986
岩苔乗越
2924
鷲羽岳
水晶小屋
12/30
野口五郎岳
2924
東沢谷
黒部湖
真砂岳
南真砂岳
2713
三ツ岳
2844
2628
烏帽子岳
南沢岳
2625
不動岳
湯俣川
湯俣岳
2378
五郎沢
西沢
12/29
高瀬川
12/28
高瀬ダム
0
1
2km
大町・七倉より
N
新潟
石川
富山
福井
長野
岐阜
山梨
愛知
静岡

面函ノ稜の登攀はできずに下山した。一九九九年の三月には、入山と同時に大雪が降り、雪崩が怖くて後立山の赤ムケの頭から逃げ帰った。

近年、厳冬期の黒部・剱の毒気に当てられすぎた僕らは、二〇〇〇年の越年山行には薬師東面をサクッと登る計画を立てていた。薬師岳周辺は黒部横断という意味では下ノ廊下より困難性は低い。しかし、北アルプスのど真ん中に入り込んで逃げ場がないという孤立無援性は、黒四ダムに行けばなんとか危機を脱することができる下ノ廊下より高いといえる。

しかも、世紀が変わろうというのに北薬師岳東稜は未踏、というか、誰もわざわざ登らずに残っていた。東稜そのものは地図を見るかぎり山深いだけでさほどの技術的な困難さは感じられない。だから僕は、上ノ廊下の横断と雪崩の集まる金作谷のラッセル八〇〇メートルがこの山行のハイライトだと予想していた。

「こっちやな」と梶山がささ濁りの浅瀬をピッケルで指さした。スノーブリッジが渡れないいま、流れのなかを行くしかない。谷底に集まる風が、絶え間なく猛烈な地吹雪を巻き上げていた。

「いよいよ大詰めだな」

顔を上げると風雪がヤッケの中に入り込んでくるので、顎を引いたまま、身を寄せるように僕は冬黒部初見参のウマ（佐藤竜哉《たつや》）に声をかけた。

ここまで、六日間という気の長いアプローチだったが、これからの二時間を乗りきれば、あとはなんとかなる。黒部川を横断し、雪崩の集まる金作谷のラッセル八〇〇メートルを無事済ませられれば、あとは東稜を登って降りるだけ……のはずだった。

入山初日の十二月二八日、ウマと僕は昼に梶山、吉田和司《かずし》と大町で合流し、七倉荘から歩きはじめ、高瀬ダム途中のトンネルの中に泊まった。

二九日晴れ。二六日から二七日にかけて降った雪がフカフカに積もっており、竹村新道はいきなり空身ラッセルになる。空身ラッセルとは、先頭がザックを背負わずにラッセルし、ある程度進んだら、交替して荷物を取りにいき、また列の後ろにつくというラッセルシステムである。重いザックを背負って腿より深い雪をラッセルしても疲れるばかりで進まない。トップはザックを背負わずに空身でトレースをつけ、ある程度進んだところで交代し荷物を取りに戻る。後ろについていた一人が荷物をおろして空身のラッセルを開始する。ラッセルはなかなか進まないので、荷物を取りに行ってもすぐに追いつくことができる。この日は竹村新道の二二三〇メートルまで登って幕営した。

三〇日も朝から空身ラッセル。湯俣岳を越え、南真砂《まさご》岳までくると稜線らしくなり、ラッセルから解放された。稜線は風が当たるので雪が飛ばされるうえに凍りついて硬く、歩きやすい。

予想される翌日の天候悪化が早まった場合を考え、東沢乗越から東沢に標高差で二〇〇メートルほど下った台地上に幕営した。天気図を取ろうとしたが用紙がすぐに見つからなかったのでやめた。

大晦日、水晶岳の稜線を歩いたことのある吉田と梶山が「悪いで」と言う。積雪の状態がいいので、水晶岳の稜線を避け、東沢を下って回り込んでみようということになった。日本では厳冬期に豪雪地帯の沢を歩くのは御法度とされているが、カナダやヨーロッパのツアースキーヤーは積雪状態がよければ谷底を平気で歩いている。

　ずいぶん下らなくては回り込めず、色気を出して失敗したかと思ったが、思った以上に雪が締まっており、水晶岳北東のカールを登って、すんなり稜線に戻ることができた。稜線からは吹雪のなかを縦走して赤牛岳に立ち、コンパスを見ながらさらに北上、薬師見平へ向かった。標高を下げると視界が回復し、大きな木が点在する、快適そうな平坦地の薬師見平が見えてきた。

　幕営して、ラジオを点けると天気予報には強風、波浪、着氷、大雪、雪崩などの警報と注意報が不吉な呪文のように並んでいた。だが薬師見平はエアポケットなのか、雪は降っているが、風は上空をぬけていく音が聞こえるだけだ。金作谷のラッセルを降雪中にすることなど考えたくないので「元旦」は沈殿（停滞）ムード」がテント内に広がった。

　日本中が二一世紀を迎えるカウントダウンをしていたのだろうが、僕らは目が覚めたら新世紀だった。降雪のため、ずるずると停滞になる。食料と燃料をセーブするために朝飯を抜き、寝袋から出ないで行動食を食べた。

　昼ごろからなぜか雲の合間に青空が見えた。停滞時の好天は心にうっすらと焦燥感を漂わせる。数少ない前進のチャンスを逃して、正月の黒部で登山が成功することはない。それは生きて帰れる可能性さえも少なくなってしまうということだ。さらに、一六時の天気図を取ろうとして、これまで見つからなかった天気図用紙がじつはどこにも存在していなかったことが発覚した。担当は僕だった。みんな押し黙っている。悪天の襲来を告げるラジオに耳を傾けながら、今後の方針を話し合うが、これから赤牛岳に登り返し、後立山を越えて戻るのも、進んで薬師岳を越えるのも、危険と労力にあまり変わりはないように思えた。北薬師東稜には未知ゆえの不安もあるが、東面なので風下になる。前進なら初登攀という動機が精神的な支えにもなってくれる。もし敗退し、また登りに来るなら、もう一度四日間アプローチしなくてはならないのだ。

「今回、登らんかったら二度と来んぞ」という梶山の言葉がそのままみんなの思いだった。

「とりあえず明日、黒部川を覗いてみますか」

正月二日、僕らは結局吹雪のなかを出発した。降雪中に谷を詰めるのが嫌で沈殿したはずだったのに、結果は危険を増やしただけだった。新雪がそれほど積もっていないことを慰めに、視界のないなかをコンパス頼りに降りていくと、眼下に黒部の黒い流れが現れた。

「いよいよ大詰めだな」という僕の言葉をウマは聞き流した。吹雪に助長された黒部独特の雰囲気に飲まれているのか、何か起こりそうな予感に興奮しているのか。

梶山と和田城志とともに下ノ廊下の十字峡を横断したときは、靴も脱がずに、ヘソまで水に浸かって徒渉した。

いま、上ノ廊下の水かさは膝ほどだった。装備を濡らさないために、僕らは二重登山靴のシェルとインナーのあいだにビニール袋を入れて防水する組と、裸足でシェルだけ履く組とに分かれ、おのおのが信じる方法で徒渉した。二重靴のシェルはプラスチックなので水に入っても問題はない。裸足組の僕とウマは悲鳴を上げながら渡り、ビニール防水組の梶山と吉田は冷水がインナーに入り込んでいないか足に神経を集中している。

対岸に上がると濡れた足に吹雪が吹きつけ、足がシャーベットで包まれていった。冷たさを通り越し、激痛が足から後頭部へ突き抜けてゆく。

「この水量やったら、ビニール作戦のほうがよかったんや」と梶山は嬉しそうだ。くそぅ。梶山と吉田に被害はなかったらしい。

僕とウマは急いで足を拭いて靴を履き、梶山と吉田は靴に挟んだビニールを取った。そして、体を暖めるまもなく、恐れていた金作谷のラッセルである。正面からでかい雪崩が来たら、その瞬間におしまいだ。視界は一〇〇メートル。早く尾根に上がりたいが、何も見えない。左右の壁からの雪崩を警戒するが、警戒したからどうなるというわけでもなく、もどかしく前進する。

北薬師東稜の末端に無事到着し、急いでロープを出して、左股を一〇メートルほど入った南面のルンゼから尾根に這い上がった。

低気圧の通過で谷底の風は安定せず、強風が上下左右に吹き荒れて雪をまき散らしていた。徒渉で冷えきった体と渦巻く風に気持ちがなえ、ちょっと登って、大きなカンバ下の斜面をL字に切ってテントを立てようとした。だが、すぐに土が出てしまった。

さらに三〇分ほど上がって、ゆるい斜面を見つけようやく設営。悪天はわかっていたが、雪洞が掘れるほどの積雪はなかった。テント場にランクがあるとすれば、中の下以下である。しかも今回のメンバーはみんな体格がよく、それがさらにテントを狭くしていた。

吹雪が不快に輪をかけ、入口をちょっと開けるとテントの中は片栗粉のような粉雪で真っ白になった。入山祝いに持ち上げたキムチ（八〇〇グラム）の容器は、共同便所として、狭いテント生活でもっとも重要な装備になっていた。テントの中で容器に用を済ませ、入り口から手だけ出して、黄色の液体を捨てるのである。梶山だけが膝立ち状態でうまく小便を出すことができず、苦労して、笑いを取っていた。

下ネタが中心だった馬鹿話は、山行が長くなるにつれ、きまって食べ物の話題に移行していく。夕飯が終わるとやることもなく、みんな黙々と歯を磨いた。

歯ブラシ——この登山にも生命維持にも関係ない小さなプラスチックの棒——が可能にする歯磨きという作業は、僕らにとってすっかり娯楽の一つになっていた。口をすすいだお茶を吐かずに飲み込むと、やることは凍ったシュラフをバリバリとのばして、文句を言いながら中に入ることしか残っていなかった。

亀裂

低気圧が去り、かわりに強い西高東低になっていた。テントの周りには五〇センチほど雪が降り積もって外からテントを潰している。テントを狭くしている雪を中から押して、見飽きた汚い顔をつき合わせ、方針を検討した。

「天気悪いですね」

「やだなあ」

「こわいなあ」

「寒そうだなあ」

「でも……」寝てる場合じゃないことはみんなわかっていた。ちょっとぐずって、普通なら沈殿する天候のなかを出発する自分を褒めてやりたかっただけである。風の音に身を縮めながら朝食を食べ、テントの中で靴を履き、スパッツをつけ、ヤッケのチャックを確認して、吹雪の世界に転がりでていく。大きな手袋をはめた手で、もどかしく荷物をザックに詰め込み、テントを撤収。テントにへばりついた氷を叩いて落とすあいだにも、ザックの中に雪がどんどん降り込んでいく。

身支度を終えたものが、まず空身でラッセルに出発。カンバが点在する樹林帯を行く先頭の背中が吹雪にかすむほど離れたころ、凍りついてゴワゴワのザックを背負い、あとを追う。

積雪量は地形や木の生え方で微妙に違うものだ。ちょっとした地面の突起や大きな木の風下側に雪は柔らかくたまっており、そんなところの積雪は背丈より深い。目の前の雪の壁を両手で崩して、踏み固めてようやく一歩だけ前に進める。それを延々とくり返す。

「あの太い木まで……、やっぱりあの平らなところまで……、さらにあと十歩」と自分をだましながら一歩一歩を出しつづけ、区切りのいいところで交替する。ラッセルを終えてザックに戻ると、ザックはなかば雪に埋もれている。ザックから下のトレースには吹雪がつぎつぎと吹きつけ、すでに丸みを帯びて、風景に溶け込もうとしている。

僕らも立ち止まれば、すぐに景色のひとつになってしまうのだろう。上を見れば、たったいま自分が降りてきたトレースはまだ角《かど》をもってのびている。この広い山塊で、先頭でラッセルをしているメンバーと、ザックを取りにきた最後尾の自分が作る百メートルほどの細長い溝だけが、不細工に雪を蹴散らし、不自然な造形をなしている。いま見える範囲で生物のぬくもりを感じられるのはそれだけだ。雪についた足跡は僕らの命の証《あか》しでもある。雪を払ってもまだ粉雪で白いザックを背負い、仲間につながっているトレースを辿っていく。

尾根が小さな壁に吸い込まれるように消えていた。ロープを出し、右のルンゼに入る。二ピッチでふたたび尾根になり、そのままロープをつけてスタカット・コンテで前進。スタカットとは隔時登攀のことを言い、トップが動いているときはセカンドが、セカンドが動いているときはトップが、確保点をつくって相棒につながっているロープをつねに確保しているビレイシステムである。コンテとは同時登攀のことで、ロープで結ばれた二人が同時に前進するシステムだ。一方が滑落したら、他方がすばやくビレイの体勢に入る。

スタカット・コンテとは、トップを確保するのだが、トップがある程度進んだら、機を見てセカンドもちょっとずつ前進するという、いい加減な確保・前進システムのことだ。冬の黒部では局面ごとに完全な確保をする以上に、全体のスピードを優先したほうが結果として安全な場合が多い。そのためラッセルが深いときはこのビレイシステムを採用する。トップがセカンドを確保する手間と時間を節約することができるからだ。セカンドがビレイを解いて移動する無防備な数分間は、トータルな安全のための犠牲として山の危険に捧げられる。

雪はますます深くなっていた。今回、僕らは全員スノーシューで来ていた。スノーシューとは雪に潜らないように靴につけるラケットのような道具である。日本古来の輪カンにくらべて面積が広く、深雪のラッセルに向いている。だが、スノーシューを履いてもラッセルの深さは腰、急な斜面では頭の上だった。じりじりとしか高度は稼げない。積雪は目に見えて増えていくようで、いよいよ大変なことになっていた。

標高が上がるにつれ、樹林がなくなり、空間と雪面を隔てる目標物がなくなった。世界が真っ白になり、立っているだけなのに平衡感覚を失ってよろけてしまう。周りの雪面をピッケルでたたき、わずかな凹凸の影で自分のいる空間を把握しなおす。トップだった僕がなすすべもなくホワイトアウトした世界をにらんでいると、梶山が確保を解いて上ってきた。

「もう、無理やろ」

「そうですね……、どこかに掘れますかね」

雪洞を掘ってテントをそのなかに立てたかった。雪洞をうまく掘れれば、豪雪地帯でも快適な生活が約束される。だが、それには十分な積雪量が必要になる。駄目もとで掘ってみて、ほんとうに駄目だったら雪洞をあきらめて昨夜同様、吹雪のなかにテントを張るしかない。

「どのへんにしますか」と黒部の経験がもっとも深い梶山の勘を頼った。

雪洞をどこに掘るか。それは黒部で安全と快適な生活を左右する重要事項だ。雪洞が掘れるほど雪が溜まっていて、かつ、掘ったあとに雪が溜まらないところに掘らなくてはならない。かつて、梶山と二人で正月の剱北方稜線を歩いたとき、三ノ窓で悪天につかまり雪洞を掘った。雪の溜まりにくい急斜面に掘ったつもりだったが、剱の悪天は甘くなかった。翌日は積雪に押された天井が激しく下がり、二日後に雪洞を出ようとしたときは、外と僕らのあいだには二メートルほどの雪の壁ができていた。完全装備の僕が水に飛び込むように、雪の壁に飛び込み、後ろから梶山が僕の足の裏をぐいぐい押して、ようやく外の光が見えた。もしもう一日吹雪がつづいていたらと考えると……、ニヤけるしかない。

いま、視界二メートルでは斜面の状況などなにひとつわからなかった。梶山の勘で、というかたんに目の前の斜面を掘ってみる。柔らかい新雪を二メートルほど掘り進んでも地面が出てくる気配はなかった。

「なんとかなるかもしれない」

ずいぶん掘り進み、地面が近いことを示すブッシュが出てきたが、そのとき雪洞はすでにテントを張れるほどの大きさになっていた。

みんなの顔からも余裕の笑みが漏れはじめていたそのときだった。

ばすん！

という世界を揺るがす大きな音が雪洞内に響いた。冬山に登る者だったら教えられることがなくとも知っている、雪がその自重に耐えきれなくなって雪崩を起こすときに出す音だった。

大滝尾根の雪洞で寝ていたときにも同じ音を聞いた。

バシッ！という音がしてからたっぷり数秒、無音の時間が過ぎた。誰もがシュラフの中で一瞬身を固くし、息を呑んでいた。

「なんですかいまの」と僕はシュラフの中から和田に聞いた。

「さあ、なんやろうなあ」と和田はとぼけた。僕の背中には雪洞が揺れたようないやな感覚が残っていた。

翌朝、雪洞を出ようとすると、入り口に立派な亀裂が走って、左右に抜けていた。

その雪洞で過ごした三日間で、辺りには雪が一メートル以上積もり、その積もった雪が自分の重さに耐えられず、僕らが寝ていた雪洞を断層面の起点にして重力に身を任せようとしていたのだ。

「なーに、落ちやせんだろう」と和田は亀裂を見てもなお笑っていた。なぜ止まったのか。ぎりぎりだったのか余裕だったのか、それがわからないのが山の面白いところである。つねにぎりぎりのつもりで注意していなくてはならないが、それでは神経が続かない。状況を正しく把握し、気を抜くときは抜く。たとえアクシデントがあっても、それが自分に悪影響を与えないなら笑って忘れる。僕はそのときそのことを学んだ。

雪面が崩壊する最初の衝撃から、何もかも静止した数秒間が過ぎた。世界は崩壊せず、僕らはまだ雪洞の中にいた。作業も息も止め、ソロリソロリと出口に向かうが、その先に出たところで猛吹雪である。

雪洞の中を振り返った。

「どこがいった?」

床の真ん中を幅三センチの亀裂が横切って左右の壁に吸収されていた。

「ずれただけで止まったんか」

「みたいですね」

僕らが掘って弱くなったところに、僕らの体重と捨てた雪の重さが加わって、雪面に亀裂が走ったようだ。もし亀裂だけで止まらずに、雪崩れていたら床から半分が落ちていた。運よく誰も巻き込まれなかったとしても、入口付近に置いてあるザックは雪崩ともろとも落ちていってしまったにちがいない。もし天井が崩れていたら、数十トン規模の雪塊が僕らの上に降ってきたわけで、生きていたとしても動かせるのは指先だけという状況だったはずだ。

危険である。だが、ほとんど完成している雪洞を放り出して、吹雪のなか別の場所を探し、また同じだけ労力を使って雪洞を掘る余裕は僕らのどこにも存在しなかった。

「一度ずれてエネルギーを解放したから別の雪洞を掘るより安全なんじゃないですか」

地下プレートとごっちゃにした理屈で、なんの根拠もなかった。だがみんな静かに頷いた。そしてすばやく亀裂に雪をすり込んで、とりあえずこの事件そのものがなかったことにしてしまった。


雪洞の中にテントを立てることを僕らはそのまま雪洞テントと呼んでいる。だがこれは一部の登山者が好んで活用している程度で、安全検証などは行なわれていないし、どの技術書をめくっても書いていない。登山技術としてはまだ確立していないといっていいだろう。大きな雪洞を掘ってその中にテントを立ててしまえば、外が吹雪でも快適な生活を送れるのは、誰にでも想像できる。風も降雪もないうえに、生活で出る湿気は雪の壁が吸ってくれる。欠点は暗いのと酸欠の危険である。とくに炊事中は酸欠になりやすい。酸欠になるとバーナーの火が空気中の酸素を求めて飛びはじめる。ライターをつけてみれば、火が浮くようにライターから離れるか、もしくは最初からつかないのですぐわかる。そんなことにならないように、炊事中はテントを開け、雪洞の入り口をストックでつつくなどして、外の空気を入れてやらなくてはならない。

雪洞は一度出入口を閉めたら、出発まで排泄を含むすべての行為は雪洞の中で行なわれる。食べるものがほぼ同じなので誰のでも臭いはほぼ同じ、多少「きついか緩いか」である。こんな生活でも、吹雪のなかにテントを張るのにくらべれば、四つ星ホテル並みの生活といえる。

下山の目途が立たないのでガソリンの使用制限を始め、ぬるいお茶を沸かした。馬鹿話のネタは完全に食べ物関係に変わっていた。あいかわらず天気予報には雪に関する警報、注意報がずらりと並び、明日は今日以上の悪天のようだった。

僕らは起床時間を決めずにシュラフに入った。

逡巡

一月四日。ゆっくり起き、朝飯は抜きで、茶と行動食を腹にいれ、全員完全装備になる。一晩で天井が五〇センチほど下がっており、テントを一度つぶして拡張作業をする。外はもちろんひどい吹雪だ。

よく検討せずに掘った雪洞だったが、奥行きも深く、入り口に雪も溜まらず、なかなか調子がよい。天井を削り上げ、テントを立てなおすとやることもなく、お茶を飲んで、ふたたびシュラフに入り、残った行動食をぽりぽり食べた。

　行動食は各自好きなものを持ってきている。カンパン、カリントウ、魚の干物、ドライフルーツ、ナッツ、チョコ、飴、雷おこし、チーズなどなどだ。嵩《かさ》が張らずに栄養価が高く、おいしくて軽い物をそれぞれが探し出して、小袋に分け、ポケットにいれて、行動中は適当に口に運んでいる。柔らかいものより、堅いもののほうが顎の動きが激しくなるため満腹中枢が刺激されるうえに、なかなか減らなくてよい。カロリーや栄養素にも気を配るが、まずくて食えない完璧な栄養より、多少偏っていてもおいしく食べられるほうが優れている。カロリーと栄養の摂取だけが食事の役割ではないからだ。停滞日は、おたがいの行動食を見せ合って交換する。カロリーをとるためにどうしても甘い物が多く、動かない停滞日はしょっぱい物に人気が集まる。僕の王様はカワハギロールでみんなの羨望を欲しいままにしていた。

　ついでに、いったい僕らが冬の長期山行で何を食べているかを一日の流れのなかで紹介しておこう。

　朝、まずたっぷりのチャイ（ミルクティ）を沸かす。ミルクは赤ちゃん用粉ミルク「すこやか」。粉ミルクは乳《ち》飲《の》み子に不人気なうえにすぐに賞味期限が切れるので、登山に回ってくることが多い。牛ではなくおっぱいを想像させるところが、男だけのパーティにとって重要な慰めで、かつ栄養バランスもよい。これを飲みながら乾燥米を炊く。米を蒸らす時間でお湯を沸かし、朝食は米、ふりかけ、スープ（味噌汁）に塩昆布など。ふりかけは永谷園の「納豆さまさま」が人気がある。インスタント味噌汁は胸やけするので、玉子スープやわかめスープのことが多い。食後に甘くないお茶を飲んで出発となる。

行動中は各自先述の行動食を食べる。

行動を終え、テントに入ったら、イワシなどの魚の干物を配り、融雪をしながらあぶってかじる。日本人でよかったと思う瞬間だ。最初の融雪は甘い飲み物（お茶・生姜湯・汁粉）になり、さらに水ができたら、今度は甘くないお茶をゆっくりのみながら、米を炊く。お茶は軽いので、紅茶だけではなくほうじ茶やハーブ茶などいろんな種類を持っている。そして米を蒸す時間でおかず作り。おかずはペミカンの入ったスープやカレー、中華スープ、マーボーなどである。これにジャコ、桜エビ、乾燥ホタテなどをいれることで旨味を増す。

そして食後にお茶を飲み、また寝る前にも飲む。以上が基本であり、いろいろなバリエーションがある。ペミカンではなくベーコンと乾燥野菜などを入れることもある。ペミカンは肉とジャガタマニンジン（ジャガイモ・タマネギ・ニンジン）が基本だが、これにこだわらず何でもいれる。キノコ類、ちりめんじゃこ、ニンニク、ちくわなどが味がいい。バターで作れば高級感がでる。スープのダシには鳥ガラ粉末、牛脂、東南アジア系のスープや魚醤、ハーブ各種も登場する。具は乾燥野菜以外にこうや豆腐、麩《ふ》、春雨、干しシイタケなど。これはもっぱら水増し用だ。乾燥ニンニクや切り干し大根は入れすぎると味を支配されてしまうので注意がいる。副食に、乾燥海草サラダ、トロロ昆布、塩昆布、海苔、塩辛、漬物など。

食料の軽量化や簡素化には多くの登山者が気を遣っているが、長期山行の食がたんなるカロリーや栄養の補給にとどまらず、ストレスの発散やコミュニケーションの促進など、つねに安定した登山力を発揮するために重要な役割を果たしていることを意識している人は少ないと思う。長い登山では、クライミングそのものがうまいこと以上に、自分のもっている能力を毎日しっかり発揮しつづけることのほうが重要だ。そのためにいかに軽くしてかつ豊かな食事にするか。乾燥桜エビを少しいれるなど、細かい手間を省かないことが冬山の料理をおいしくするコツである。だが細かい手間も、それと同等かそれ以上の効果のない場合、何の価値もない。余計な重量は、たとえ旨くても登山全体を俯瞰したとき、寿命を縮める要素になっている。それでいて、山行後半でなんとか仲間を喜ばせようと、虎の子の一品を忍ばせたりもする。

今回の山行で僕の虎の子はフグの干物だった。最高値《さいたかね》をつける瞬間までまだまだザックの奥で眠らせておくつもりである。

シュラフに入って、雪洞テントで寝転がっていると、ラジオから米沢で一日の積雪量が観測史上最多を記録したと聞こえたような気がした。

「え〜?」と全員で疑ったのが聞こえたかのように、ラジオは同じことをもう一度くり返した。

『米沢で一日の積雪量としては観測史上最多を記録しました』

内臓がぎゅーと縮まるような感じがする。今回はサクッと登るはずだったのに、予定とだいぶ違っている。

「まずいことになってますねえ」と言いながら、雪洞の上に雪が積もって、ぐしゃりとつぶれるところを想像した。そうなるまえに脱出できるのだろうか。ここまでくればもう逃げるところはなく、登るしかない。やばいことになったと思いながらも、どこかで最悪の状況を克服し、黒部のほんとうの冬を生き延びる瞬間を待っていたような、わくわくする気持ちも湧きだしてきていた。

翌日になっても、天気予報には、いっこうに楽観的要素を見いだせずにいた。

「動けんかもしれんし、全員用意する必要はないんやないか」と梶山が言った。一人が外を見にいって、行動できるようならその時点で出発の用意をしようということだ。誰もが自分がジャンケンに負けるわけはないと信じて、その提案を飲んだ。

予定が狂ったのは僕だった。後輩のウマが表面上だけ気を遣っていたが、勝負の世界に同情は不要である。

ヤッケを着て、靴を履き、スパッツをつけて外へ。これだけで一五分はかかってしまう。出口に垂らしているフライをほとんど埋めるほど積もった雪を押して隙間を作り、そこに頭からつっこんで、長さ五〇センチほどの狭い雪のトンネルを抜け、外に這い出した。

昨日、雪洞を拡張したときにはまったく見えなかったカンバの木が斜面の下に見えていた。空もいくらか明るいような気がする。

これは行ける、脱出だ。みんなにそう伝えた。

雪洞内が急に活気づいた。みんなこの雪地獄から一歩でも下界に近づきたかったのだ。テントの撤収を吉田とウマに頼んで、梶山と二人、ロープをつけてラッセルに出た。

尾根がよくわからず、ラッセル中にスノーシューの下の雪面が抜けた。スノーシュー型の穴からむこう側の谷底が見えている。小さな雪庇である。

「踏み抜いたー」と下に向かって笑う。もはや笑うしかない。

五〇メートルほど登ると雪稜にでた。梶山を確保して迎える。吹雪にかすむ先の雪稜に目を懲らすが、どうなっているのかわからなかった。大きなキノコ雪なのか、もしくは両側が雪崩れた破断面なのかもしれない。一昨日の低気圧の雪庇が北に、西高東低の雪庇が南に出ているのか。進んだら雪庇と一緒に落ちるかもしれない。梶山に慎重なビレイを頼み、四つん這いになって雪面をピッケルで叩きながらじりじりと進みはじめた。いったい足の下の雪はどんな格好で稜線の上にのっかっているのだろうか。

二〇メートルほど進んだところで「やばいんちゃうか」と後ろから梶山の声がした。

空身ならいけるかもしれないが、荷物を背負ってここを通過するのは激しく不安だった。いつかは通らなくてはならない。だが、その危険をいま犯すべきかどうか。

「だめや……、戻ろう」と梶山。

さっきの活気がすうっと抜けていき、自分がへこんでいくのがわかる。僕の判断ミスで、みんなに重要なカロリーを燃焼させてしまった。期待させておいての落胆で、精神的ショックも大きいだろう。

雪洞に戻り、撤収を終えて雪洞を出ようとしていた二人に「やっぱ、だめだった」と伝えた。吹雪はあいかわらずで、だれの顔にも進めない焦燥感と行動しなくてよい安堵感が交錯している。冷静に今後の見通しや現状を俯瞰すると雪洞停滞は暗澹《あんたん》たる危機的状態だが、それらから目をつむり、局地的に周囲一〇〇メートルぐらいだけを見るなら、この雪洞は最高の安全地帯だった。撤収ついでに昨日より完璧に雪洞を拡張し、テントを張った。昨日は見えなかったカンバを見ながらウマが「昨日よりはいいんですけどね」と慰めるようなことを言った。

出入口を閉め、雪のついたものをすべて脱ぎ捨てて、テントに入る。テントの中はお座敷だ。予定下山日は一月三日、予備日をすべて使った場合の最終下山日は一月八日で、今日が一月五日。あと三日で降りなくてはならない。年末から遭難と悪天の報道がくり返されており、僕らもずいぶん心配されていることだろう。

「無線で元気にやっていることを連絡してみますか」と提案してみた。僕が無線の担当だった。

「(電波を)飛ばさなくてもいいから、ちょっとつけてみるか」とみんな乗ってきた。無線で僕らが下界とつながっていることを確認したかった。

だが、ザックの奥から出した無線は、あさっての周波数を表示するだけで、それ以外の機能はまったく動かなかった。どこをいじってもプツリとも言わず、とぼけた液晶以外は完全に沈黙している。みんなが順ぐりにいじりまわし、また僕のところに戻ってきた。からくりのわからないこの金属のかたまりを信じて、六本の単三電池とともにザックの奥に抱えてきたのに、いざというときなんの役にも立たないのかと思うと、やり場のない怒りが手を震わせた。吹雪の谷底に投げ捨ててしまえればすっきりしたのだろうが、四万円という値段が頭のなかにちらついて、実際の行動には移れなかった。

顔を上げると、テント内の暗いムードが濃密になっていた。僕らは完全に孤立している。すべて自分たちで引き受けるつもりで入山していても、その事実は重かった。このまま、悪天が続き、本格的に閉じ込められても、僕らがどこにいるのかを連絡することもできないのだ。

「すっきりしちゃいましたね」と僕は言った。天気図、今日の行動ミス、無線機。たび重なる僕のチヨンボ。

「人間なんか簡単に死ねるなあ」と梶山が言った。これで今日は三度目くらいだ。何があったのかは知らないが、二日ぐらい前から梶山はときどきこの台詞を口にしていた。「相当心配しとるやろうなあ」

「でも、心配かけないために下山を急いで事故ったら意味ないですよ。生きて帰れば、多少遅れても笑い話ですよ」

「でも、チャンスつかんで脱出せんと、ドンドン悪くなるで」

「そうですね……」

相当な窮地に陥っていることはわかっていた。

しかもどうしてこんなことになってしまったのか、それをいちばん正しく理解しているのも、ほかならぬ僕らだった。ひとつひとつたどっていけば、間違いなくすべて自分たちの判断の結果なのだ。この山行そのものが人生最後の体験となったとしても、全部自分の責任であるということ。それは数ある登山の魅力のなかで、もっとも悲しく美しい魅力といえる。

「吉田さん、旨いものの話しして。食い物の話しようや」と梶山が言った。みんな日本も海外も渡り歩いたメンバーで、食い物の話題は尽きないが、吉田の食道楽は質も幅もひと味違った。酢で〆ていないサバの刺身、タラの刺身、内臓系の煮物・焼き物、庄内地方の細口ガレイ、イガイ、だだちゃ豆。和歌山の八朔《はっさく》は果物に飢える僕らを恍惚とさせた。潮時と見た僕は、食料袋の奥からフグの干物を出した。

「じゃーん、じつはまだこんなものがあるんですよ」

「おおおおお」と、みんな動きが止まっている。食べ物の話と完成された生活技術が僕らをどこまでも暗くさせずに助けていた。そして気になる食べ物を下山して食べまくるというのが、この瞬間を生きる最大のモチベーションになっていた。

夜、天気予報は警報より注意報のほうが多くなり、最大風速が二五メートルから二〇メートルに下がっていた。

生還

テントの中につり下げた腕時計のアラームがシュラフを通して細く小さく聞こえてきた。

「また朝がきてしまった」と思う。

雪洞の中では外の様子はわからない。だが多少の無理をしても今日は出発しなくてはならない。これから始まろうとしていることにはあえて触れずに、朝食を食べ、淡々と用意して、なかば埋まっている雪洞の入り口に頭から突っ込んだ。

外に出ると風と一緒にガスが舞い、五日間真っ白だった空に微かに濃淡がついていた。

行ける！

雪の積もり具合は半端じゃなかったが、トップが空身でラッセルするシステムをやめた。積雪も多く、地形も急峻で、ラッセルを終えたトップが簡単に荷物を取りに戻れる状況ではないからだ。トップは寝袋以外は何も入っていない軽いザックを背負って登攀とラッセル、普通のザックを背負った者がビレイし、サードとラストのパーティはトップの荷物を分担して持ち上げるというシステムを昨晩相談して決めていた。

僕と梶山がラッセル切り開きパーティとして先に出発した。昨日、構造が謎だった雪稜は、よくなった視界に少しだけ秘密をさらしていた。雪庇とキノコ雪が相まって、ワゴン車を横にしたような雪の塊が尾根の上に絶妙なバランスでのっている。昨日のように雪の上を行くのはやめ、キノコ雪の下をくぐるようなラッセルで前進する。頭を押さえられたいやなラッセルのトラバースを一ピッチ。その後ザックを置いてキノコ雪の弱点を崩し、這い上がって、足場を作りながらザックを取りに戻る。ワゴン車の列は最初の三〇メートルほどで、傾斜が出てくるとキノコ雪の尾根は広くなり、単純なラッセルになった。

いくらラッセルしても遅々として進まず、自分たちがどのあたりの高さまで登っているのか見当がつかなかった。目の前の雪を崩し、三歩下がって、崩した雪にのりなおし、また崩して下がる。登山人生最深のラッセルが続く。

しだいにガスが流れはじめ、雲の合間に青い空が少し見えた。白以外の天然色を見るのは久しぶりだ。これだけで歓声が上がる。見る見るガスが流れ、後方に遠く赤牛岳が現れた。すばやく自分たちの高度を目測する。赤牛岳より少し高いだろうか。すぐに主稜線のようでもあり、まだ遠そうでもある。

「昨日、一〇〇メートルでも上げておけばよかった」と梶山が言った。稜線直下で時間切れになることを恐れているのだろう。あの吹雪のなか、たった一〇〇メートルのために雪洞を掘りなおすなら僕はいまラッセルする。だが、たしかにこのスピードでは今日も安全地帯には抜けられないかもしれなかった。

見上げても見上げても進んでいないラッセルをくり返し、小さなジャンクションに上がったところで、ガスの切れ間に稜線が見えた。

「主稜線が見えたー」と下に叫ぶ。

「どこー？」

スゴ乗越のほうを指さす。北薬師東稜の終了点ではないが、たしかに主稜線だ。

トップを梶山に代わり、梶山が傾斜のある岩稜帯に向かう。岩場を巻こうとした直前、雪壁に亀裂が走った。慌てて雪の中でもがいている。

「雪崩れるかもしれんどー」

「見てましたよ」と手を振る。

梶山はスノーシューを脱いで、壁のような岩稜に取りつき、アイゼンをガリガリいわせている。簡単には抜けさせてくれないようだ。吉田が追いついてきて「やっとるやっとる」と笑っている。このおっさんはまだまだ悲惨な目に遭い足りないらしい。

フィックスをして、岩場を這い上がると、二〇〇メートルほど上で雪庇が雪煙を上げていた。ようやく主稜線だ。だが東稜は六〇度くらいの雪壁に吸い込まれて消えていた。

ふたたびトップに立ち、目の前の雪壁に向かっていく。尾根は緩やかに雪壁に吸い込まれ、高度を上げるほどに斜面が急になっていった。

雪面がいまこの瞬間に崩れ落ちるかもしれなかった。つぎの一歩を出すのは、いまのいままで雪崩れなかった実績を拠りどころにした「だからつぎも大丈夫」という予想、というか希望である。

下を見る。梶山がスタンディングアックスでビレイしている。その下で二人が重い荷物をゆっくりあげている。いま雪崩れたら斜面全体が落ちるだろうか……。だとすれば全員アウトである。僕だけが巻き込まれるなら、なんとかビレイで止まるか、梶山もろとも雪の奔流に引っ張り込まれるかだ。

登山は選択の連続で成り立っている。どう行動してもさして問題ないときもあれば、数少ない厳しい選択肢だけが、つぎの瞬間につながっているときもある。経験の蓄積が選択肢を広げ、的確な状況判断が最良と思われる選択を行ない、体力と技術、そして精神力がそれを実行する。選択が正しかったのかそれとも誤っていたのかを山が教えてくれるのは、正しくなかったときだけである。最良と予測する選択肢にもギャンブルが残るとき、登山者は全能力を絞りだして、生き残る可能性を濃くするしかない。

急斜面の途中でピッチを切ることができないので、荷上げ組が梶山のところに着くのを待ち、荷上げ組のロープをつなげて、さらに上をめざした。主稜線に近づくほどに傾斜が増してゆく。安全地帯に近づくほどに危険になっていく。

そして、のけぞるように伸ばしたピッケルが小さな雪庇を叩いた。きわどいバランスでさらに半歩上がる。主稜線に手が届いた。ピッケルを主稜線に刺す。真っ白だった頭のなかに突然「よし！　生きて帰れる」という思いが浮かんできて、目頭が熱くなった。

主稜線に這い上がると雲海に沈む越中富山側が目に飛び込んできた。

「へへへへへ、やったぜ」と半べソでつぶやいた。

二年前、剱岳八ツ峰北面の函ノ稜を初登したとき、最終ピッチを登った梶山は、雪庇の向こうに消えたあとひょっこり顔を出し、ガッツポーズをした。今度は僕がその光栄に預かる番だ。

全員が終了点の北薬師岳頂上直下に集まり完登をたたえ合った。ここまでくれば勝手知ったる何とやらである。太郎平小屋までは顔面凍傷を作るに十分な強風のなかの三時間だったが、美しい景色と、夕日を堪能しながら楽しく歩けた。


昨晩から頭は下山モードになり、降りたら何をするかを言い合っていたが、寺地山付近の樹林帯には、思いのほか強烈なラッセルが待っていた。緩い下りなのに空身ラッセル。冬山は甘くない。午後三時になっても、見通しがたたず、あきらめて残りの乏しい食料をどう食うか考えはじめたころに、下から登ってきている完璧なトレースにぶつかった。あとでわかったことだが、寺地山付近から救助要請を出したパーティがおり、その救助トレースだった。

和佐府《わさふ》の集落に着いたときには、夜の八時になっていた。地元の情報を仕入れようと民家の戸を叩くと、民宿に電話をしてくれ、車で送ってくれた。

民宿から和田城志に電話をした。和田は単独で加賀白山に入っていたが、早々に下山していた。

「すいません。心配かけて」と梶山から受話器を受け取って僕は言った。

「なにゆうとんのや。卑下《ひげ》することはないで。最終下山日は明日やんか。立派な完登やで。たいしたもんや。さすが梶さんと文祥や」と受話器からは酔っ払った和田の声が聞こえてきた。

ルートにさして難しさはなかったが、あの状況を生き残ってなしえた北薬師岳東稜冬期初登に僕は大いなる誇りを感じていた。そしていま、和田に褒められて、自分たちの登山が捨てたものではなかったことを実感し、素直にむちゃくちゃ嬉しかった。

家にも電話してみた。メンバーの奥様連合は結託して、もう、つぎの年末は山には行かせないと話し合っていたらしい。この状況では仕方がない。いまは黙っていよう。

三つの初登攀

北アルプス黒部川横断　黒部別山中尾根主稜〜八ツ峰北面滝ノ谷下部氷瀑〜八ツ峰北面袖ノ稜
二〇〇二年三月一六日〜二六日

中尾根主稜

積雪期に後立山を越えて黒部川に下り、川を渡って対岸の岩壁を登る。黒部川が雪に埋まっているか、ごうごう流れているかは、渡る場所と時期とその年の積雪による。埋まっていれば難なく横断に成功し、流れが出ていれば腰まで水に浸かって徒渉するか、あきらめて引き返すことになる。横断に成功したら、立山側の岩壁を登り、剱岳の東面に継続して富山に下る。これが日本で考えられる究極の冬山登山、黒部横断である。

この黒部横断にはまだ未登の課題が残っている。黒部別山中尾根主稜。それは名前のとおり、黒部別山東面の真ん中にせり出した皺のような雪稜であり、その下部には鈍く光るドーム（丸みを帯びた岩壁）を従えている。

「中尾根主稜が別山の尾根でいちばん美しい」

ある黒部横断愛好家がそう言っていた。その人も黒部別山中尾根主稜の初登攀を狙っていた一人なので、そのぶん差し引いて聞かなくてはならないだろう。だがそれでも、その言葉は僕の動機づけを強化するには充分だった。

二〇〇二年三月一七日、僕らは赤ムケの頭に立っていた。黒部川を挟んで正面に中尾根ドームが黒々とした岩壁を見せている。

三年前の同じ時期にこの場所から撮って眺めつづけた写真がある。当時未登だった大ヘツリ尾根を登りに来て、降雪のため引き返した時のものだ。その写真では中尾根主稜の核心岩壁である中尾根ドームは微妙に雪がつながっているように見えた。雪がつながっているということは、雪が落ちない程度に傾斜が緩いか、墜落を止めてくれるブッシュがあるかのどちらかである。

だが今、目のまえでは真っ黒な岩壁が鈍く輝いているだけだった。

「あんなの登れんのか?」と思わず口に出してしまった。

それを聞きつけた松田が「服部さんでもそう思うんですか」と、まだ自分の常識が通用することをよろこんでいる。

中尾根主稜へ取りつくまでには傾斜が急な別山谷を標高差で四〇〇メートルほど詰め上がらなくてはならない。傾斜が急ということは、雪崩が頻発するということを指している。このアプローチの危険が、中尾根主稜を未踏のまま残してきた要因の一つである。ここでタイミングと悪運と馬鹿さ加減が試される。この三つはトレーニングでは得られない。

ただタイミングは時間があれば捉えられる。冬黒部初見参の松田好弘《よしひろ》は何をしているかわからない大学院生だから長期山行でも問題はない。吉田和司は生徒にとっては最高、同僚には最悪の小学校教員なので、三月の終わりにはまとめて休暇を取ってくる。吉田とはこれまで何度か長期登山をともにしてきたので、その実力、経験、テンポはよくわかっていた。

このテンポというのが、山行が長く、危険になるほど重要だ。

気温がやや高く、ときおり、雪面の崩壊する音が黒部の谷間に響いていた。それでも新雪はなく、まずまずの条件といえるだろう。赤ムケの頭から入り組んだ尾根を慎重に下り、尾根の末端からはブッシュを利用して断崖を懸垂下降。ひらけた沢状の雪壁をクライムダウンして、黒部の底に降り立った。夏は岩のあいだを流れる急流が白い泡を上げているので、黒部川下ノ廊下のなかでも白竜峡と呼ばれている難所である。

いま、大岩壁に囲まれた黒部川の谷底は、左右の岩壁から落ちてきた雪崩でびっしり埋まり、雪の回廊になっていた。雪崩を警戒して、降りてきた斜面からすばやく離れてみたが、見わたしてみると、ほかにこれといって安全な場所があるわけではなかった。

岩壁と岩壁の隙間から見える灰色の空。人の目にほとんど摩耗されていない圧倒的な景色。あまりにもささやかな自分の存在。こんな風景を見ていていいのだろうかという情けない不安が湧いてくる。

何十メートル積もっているのかわからない雪の上を歩いて、別山谷を詰めて、ドーム基部に這い上がり、テントを張った。雪が降りはじめていたが、雪崩が僕らの上に降り注いでくることはなかった。最初の小さな賭けに勝ってしまった。これでもう、このギャンブルからも山からも、オリられなくなったということだ。

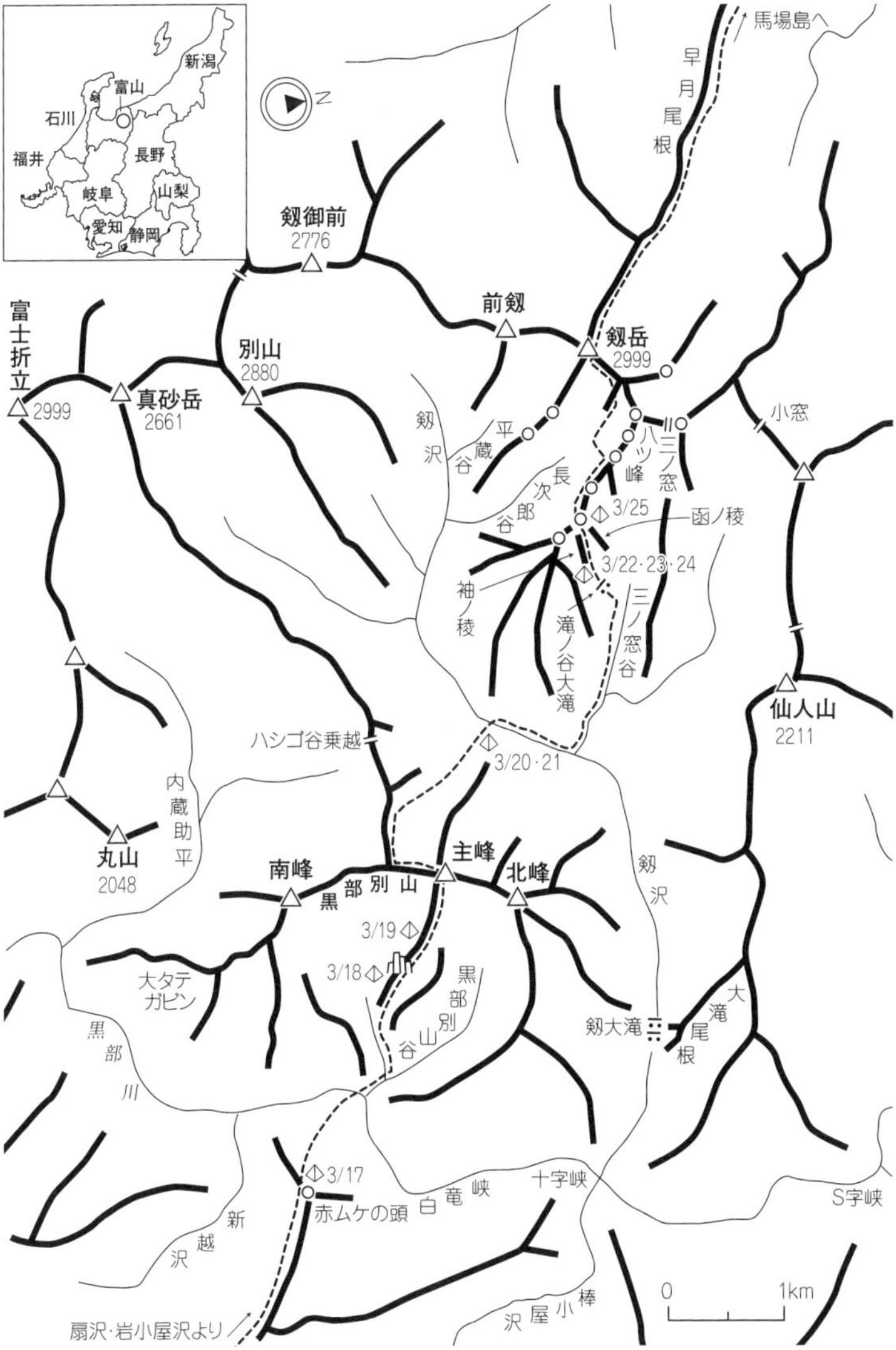

新潟
富山
石川
福井
長野
岐阜
山梨
愛知
静岡
N
馬場島へ
早月尾根
剱御前
2776
前剱
剱岳
2999
富士折立
2999
真砂岳
2661
別山
2880
剱沢
平蔵谷
長次郎谷
八ツ峰
三ノ窓
3/25
函ノ棱
3/22・23・24
袖ノ棱
滝ノ谷大滝
三ノ窓谷
小窓
仙人山
2211
ハシゴ谷乗越
3/20・21
内蔵助平
丸山
2048
南峰
主峰
北峰
黒部別山
3/19
3/18
大タテガビン
黒部別山谷
剱沢
剱大滝
大滝尾根
黒部川
3/17
赤ムケの頭
白竜峡
十字峡
S字峡
新越沢
小棒屋沢
扇沢・岩小屋沢より
0
1km

時間は午後二時。中尾根の核心と思われるドームはすぐ上にある。降りはじめた雪で壁の状態が悪くなるまえにフィックス工作に出ることにした。

右のルンゼに入り、凍った雪壁をダブルアックスで登っていく。傾斜は七〇度ほどで難しくはない。プロテクション（万一の墜落を止めてくれる中間支点）を取らずに一気にゆく。

やや壁がせり上がってきたところで「ギン」とバイルが岩を叩いた。青氷だと思ったところは薄氷が張りついた岩だった。手を伸ばしその上を試すが、そこも岩である。下を見るとすでにノープロテクションで二〇メートルほど登っていた。

雪面に接しているのはつま先だけ。ふくらはぎにじんわり疲労感が広がっていく。少し右へトラバース。ポキポキ折れる小指ほどのブッシュを束ねて、インクノットで縛り、カラビナを掛けてロープを通した。このプロテクションでは頼りなく、酸素が薄いような息苦しさはかわらない。じーんと胃の上のほうが熱くなる。プロテクションを取ったブッシュにバイルを打ち込むと、鈍い音を立てて食い込んだ。そのまま、ブッシュと氷をうまくつないで登っていった。

ハイマツの根本にロープを固定し、そのロープに身を任せて、肺の奥のほうにたまった空気をゆっくり吐き出す。

登ってきた吉田が「あんなプロテクションでよーやるわ」と笑って言った。最初の一ピッチ目からビビリまくっていたことを悟られないように口を閉じていると、吉田はそのまま狭いルンゼをドームの基部へ上がっていった。

中尾根主稜を登ろうと決めてから、ずっと頭を離れなかったドームの垂壁が目の前に広がっていた。

壁は視界にすべて入らず、右からパンするように眺めていった。弱点とおぼしきところを順々に確認していく。

「あれでしょ。あのハイマツ」

二つのバンドを隔てる五メートルほどの垂壁に、大きなハイマツがだらりと垂れていた。ハイマツは上のブッシュ壁につながっている。降雪後に撮った写真で、雪がつながっているように見えたのは、このハイマツに雪がのっかっていたからなのだろう。

「やっぱ、あそこか」

「俺らに伸ばされた神の手ですよ」

幅五〇センチほどの左上バンドをブッシュを頼りに、微妙なバランスのダブルアックスで上がっていく。さらにその上のバンドに這い上がって、こんどは右へトラバース。問題のハイマツの下で、背伸びをすると、右手がハイマツの先端にぎりぎり届いた。

葉っぱの先をちょこっと持って、優しくたぐり、ぱっと枝に持ち替える。それをまた引っ張って、太い枝に持ち替えて、体重を支えてくれそうな太さまで摑んだら、強度があることを確認して、そのまま綱を引くようによじ登った。ギリギリとアイゼンが岩を掻くいやな音がして、硝煙の匂いが漂ってくる。腕力だけで体を引き上げ、二メートルほど上がったら、ハイマツの幹にアイゼンを蹴り込ませてもらい、マメの木を登るジャックのごとく岩壁の切れ目をめざした。

岩壁の上は別山特有の垂直ブッシュだ。ハイマツとトウヒがこんがらがったような藪の壁を左に回り込むように抜けていく。雪の斜面に出たところでちょうどロープが一杯になった。

「先、降りるでぇ」と吉田が下で叫んでいる。湿った雪が激しく降りつづいていた。

「ザックを背負ったまま、登れるか」と松田に聞いた。

「大丈夫だと思います」と答えて、松田はフィックスを辿って、細いバンドを渡っていった。日が変わって、昨日の雪もやみ、青空が広がっていた。

ザックを背負ったまま登るのが危険な場合、人がまず空身で移動し、荷物をロープで引き上げる。たいていは木がじゃましたり、ロープの流れが悪かったりと大変な作業になる。背負って登れるならそのほうがいい。だが、松田はハイマツが垂れた垂壁で、ロープにぶら下がったまま身動きが取れなくなってしまった。

「こんな所どうやって登ったんですか」

フィックスにぶら下がって、すでに汗まみれの松田が言う。最初は笑って見ていたが、さっきから五センチくらいしか進んでいない。

「もういいからザック下ろせ、荷上げにしよう」

じつは松田と山に行くのははじめてだった。先の見えない長期山行で、はじめて一緒に行くというのは賭けに近い。本人が黒部横断の話を聞きつけて一緒に行きたいと言いだし、かつ梶山が使えると保証したのでメンバーに加わっていた。その梶山は山行の直前にテレマークスキーで足の骨を折り、今回は参加していない。梶山が骨を折った時点で吉田には、二人でも行きますよと宣言していたのだが、登攀システムは三人のほうが効率がいいので、行きたいという松田の参加に異議はなかった。だが、目の前の風景をみると、松田に黒部横断はちょっと早かったかもしれない。

荷物はなかなか上がらなかった。

あっちを押したり、こっちを引いたり、必死の荷上げ中にふと顔を上げる。僕らは黒部の岩壁のど真ん中でロープに全体重を預けてぶら下がっていた。ザックもロープの先で揺れている。下には別山谷が誰も見たことがないアングルで、なだらかな曲線を描きながら黒部川に落ちている。物理的な高度感と地理的な孤立感がシンクロし、黒部独特の露出感に変わっていく。黒部ではいつも、自分がその場所にいることがうまく信じられないのだ。

フィックス三ピッチぶんの荷上げを終えたのは昼前だった。休む間もなく、小さな尾根を左へ回り込み、雪の詰まった急傾斜のルンゼをダブルアックスで登っていった。

雪崩が通った跡のある雪壁をトラバースして、ふたたび雪のガリー（岩溝）に入る。七ピッチを終わったところで夕方になりかけていた。

空気の塊が飛んでいく音が空の上のほうから聞こえている。主稜線より風下側にいる僕らに吹きつける風はないが、稜線の風は強くなっているようだ。大きなキノコ雪を回り込んで上をうかがうと雪壁が広がっていた。これを登りきればドームの頭に出られそうだ。

「ドームの頭に上がってしまえば実質的な登攀は終了」というのが出発前の青写真だった。キノコ雪を風よけにしてテントを張り、さらにドームの頭までルートを確保しておけば、精神的に安らかな夜を迎えられる。ロープを三本つなげてフィックスに出た。

果たして三ピッチ、急な雪面をラッセルするとそこはドームの頭だった。だが、風景は予想していたものとだいぶ違っていた。まだ明るい夕日はルートの先にあるブッシュの垂壁とその奥にあるキノコ雪のナイフリッジを柔らかく照らし出していた。

僕らの意志とはまったく関係ないもの。そんな物事に囲まれていることをあらためて知らされたようで、じんわり泣きたくなる。

黒部に入るといつも場違いな気分に包まれる。それは自分の生命があまりに無防備であるということをリアルに思い知らされるためだ。自分が、血と肉となまぐさい内臓を皮膚という柔らかい袋に詰め込んだ装置にすぎないということが、黒部ではばれてしまうのである。ちょっとしたミスや大自然の些細な衝撃で袋はバシャンと割れ、僕は簡単に死ぬ。

明日あそこを無事に越えることができるのだろうか。

少し眺めていたが、見えている風景を越えていく自分の姿は浮かんでこなかった。

ピッケルを雪面に埋め、それにロープをフィックスして下降した。

「どうですか上は」と吉田が心配そうに聞いてきた。僕はニタリと笑ってちょっと間を置き、吉田の顔に浮かぶ失望の色を見逃さないように言う。

「まだまだ悪そうですよ」

夜半から早朝まで雪が降った。ラジオは低気圧の接近を告げ、春分の日を含む連休に行楽へ出かける人への警告をくり返していた。

テントを這い出すと雲は抜け、ガスの合間に青空が見えていた。夜に降った雪で白さを増した世界が朝日に輝いている。昨日張ったフィックスは一晩で雪に埋まり、僕らのトレースも消えていた。次元の違う世界に飛び出したようだ。降雪後独特の冷たい空気が鼻の奥をぬけていく。

フィックスロープにユマール（登行器）をつけて思いきり引っ張ると、ロープが手元から一〇メートルほど飛び出して雪をはじき、雪は斜面を転がっていく。まっさらだった雪面に傷痕がつき、幻想の世界も壊れていった。

昨日見えたブッシュの垂壁の下につくと「やりたいんやろ」と吉田が振り返って、ロープの末端を差し出してくれた。

手はブッシュを摑み、足は岩の上に張りついた氷に蹴り込んで、雪を乗せてハングしたブッシュを抱え込むようにして、リッジに這い上がる。

苦労して三つの荷物を上げ、こんどはキノコ雪のナイフリッジ。昨日遠くから見たときにはそれほど感じなかったやばい迫力がにじみ出ている。ドームの垂壁に続く核心だ。

「ここもやらせてもらっていいですか」

「やりたい人がやったらええでしょ」

グズグズ崩れる雪の上をだましだまし登っていく。ぎりぎりのバランスなのか、そう感じるだけで、雪は安定しているのか。どちら側に崩れても、大墜落になることは間違いない。はるか下にR４が見えている。落ちてしまったほうが楽かもしれない、とふと思ったりする。

五〇メートルいっぱいで上のブッシュへ。その上に核心の巨大キノコがある。ブッシュにプロテクションを取り、そのままロープをつないでもらって上へ。巨大キノコをバイルで崩すが、きわどい態勢でうまく力が入らない。

時間をかけて納得できそうなステップを刻み、窮屈な態勢で一歩踏み出した。手が届くいちばん遠くにバイルのシャフトを突き刺して、さっき踏み出した一歩に体重をかけていく。

いやな予感がスッと頭をかすめて消える。上がったらもう下のスタンスを見ることはできない。戻るには登る以上のバランスが必要になる。

微妙な力加減で体を上げた。複数の思惑が頭のなかを駆けめぐり、雪面を凝視しながら四本の手足の効き具合を順にすばやく試していく。足元は不安定でこれ以上力を加えたくない。左手のハンマーはちょっとグラついている。右手のバイルがいちばん効いていそうだ。祈るように右手をおもな支点にしてさらに体をのばしていく。

体が立ち上がり、左手のハンマーを雪面からすばやく抜いて、届くかぎり遠くの雪面に突き刺した。手応えあり。呼吸を再開。沸騰していた血圧が下がっていく。ほんとうに危うかったのか、そう感じただけなのかは永遠にわからない。ここ冬の黒部では、多くのことが謎のままなのだ。

風の舞う別山主峰に立つと、剱岳と八ツ峰が目の前に突然現れた。ここまでも経験をフル稼働させて抜けてきた中尾根主稜線だが、まだ登山の半分も終わっていなかった。僕らは成果を喜ぶ余裕もなく、低気圧の接近で強まる風のなか、急いで剱沢に降りていった。

昨晩は、雨が降るというラジオの予報で、停滞を決定し、起床時間を決めずに寝袋に潜り込んでいた。

翌朝、ゆっくり起きても予報の雨は降っておらず、晴れ間さえ出てきた。剱沢の谷間に張ったテントに日が当たりはじめると、吉田と僕は外に出て体を伸ばし、近くのカンバの木まで、ていねいに雪を踏んでいった。停滞日はテント生活用の靴下を履いている。すでに行動用の靴下は恐ろしい匂いを発していた。山行が長くなると乾いていて臭わない衣類というのは貴重になる。もっとも、きれいなほうに分類されるテント生活用の靴下でさえ、毎晩テント生活のエキスを吸い込み、街の基準からすれば即刻洗濯機行きのレベルではある。

その生活用靴下を濡らしたくないので、外に出るときは裸足になり、冬用二重靴のプラスチックシェルだけ履いてゆっくりと前進する。派手に歩くと雪が入りこんできて冷たいから、少しでも雪が入らないように少しずつ踏み固めながら進んでいくのだ。

カンバの木までのトレースができあがったら、今度はテントからシュラフを持ってくる。木にくくりつけると、シュラフは春の陽射しを受け、みるみる膨らんでいった。さらに行動用靴下、二重靴のインナー、登攀具などを吉田と枝を取りあって吊していった。ついさっきまで造型的な枝を青空に伸ばしていたカンバの木は、近づくと臭う湿った汚れ物で飾られ、三月まで放っておかれたクリスマスツリーのようになっている。

松田はこの物干し大会に加わっていなかった。昨日の晴天で軽い雪目になっていて、テントから出ることができなかったのだ。

山行初日、薄曇りのアプローチでサングラスを出さない松田に、雪目になるぞ、と僕は言った。松田は「僕は雪目になりにくいんです」と答えていた。

同じ台詞を吐いた奴がことごとく雪目になってきたのを僕も吉田も何度も経験してきていた。だから「そう言うセリフを吐くヤツが雪目になるんだよ」と忠告した。だが、松田は昨日の晴天でもなかなかサングラスを出さず、いまはテントの奥で、僕と吉田が小馬鹿にするのを涙をぼろぼろ流しながら黙って聞いていた。

嵐がくるまえに、テントの周りにブロックを並べ、小さな雪洞を掘って登攀具とザックを入れた。雪原のところどころに流れを出している剱沢から水を汲んで帰ってくると、黒い雲が急速に空に流れはじめ、ぬるく湿った空気が谷筋を降りてきた。干し物を急いで取り込み、テントに入った。

大粒の雨が強風をともなって激しくテントを揺らした。ときどきポールがひしゃげ、あわてて中から押さえる。テントを張ったのは、小さな沢の出合だったので、山を下ろす風が溜まってしまうようだ。

水を含んだ雪が雪崩れ落ちる音が遠くから響いてきた。

「ここまで来ませんよね」

「向かいの斜面やばいかなあ」

このあとの計画は八ツ峰Ⅱ峰の北面にできているはずの滝ノ谷大氷瀑を登り、そのまま袖ノ稜に継続して剱岳にぬけ、富山側に降りるというものだ。滝ノ谷も袖ノ稜も、ここまで登ってきた黒部別山中尾根主稜と同じくまだ誰も触ったことはない。

「明日はどうする？」

「せっかく雨が降ってるんだから、三ノ窓雪渓を歩いちゃいたいですね」

この低気圧が去ったあと、西高東低の冬型になると思われた。いま降っている冷たい雨のあとに雪が降れば、凍った斜面に雪が積もることになり、雪崩の危険値は跳ね上がる。そうなれば、谷底を歩きまわることはもちろん、ここにとどまっていることだって危うくなってしまう。できれば雪の降るまえに凍った雪面を使って、すばやく壁に取りついてしまいたかった。

翌日も悪天を引きずって、いやな雲が八ツ峰のI峰を隠すように棚引いていた。まだ雪は降り出していない。

「朝、何も降っていなかったら行く」と昨日のうちに決めていた。

八ツ峰の突端を回り込むように剱沢の二股から三ノ窓雪渓に入っていく。滝は雨の影響でよく発達したようだ。八ツ峰北面には氷柱が何本も垂れている。さらに詰め上がっていくと張り出した岩壁の向こうに、北面でもひときわ大きな滝ノ谷下部氷瀑が灰色の氷でびっしり覆われていた。

かつて和田に聞いたことがある。函ノ稜の登攀をあきらめて黒四ダムに逃げる途中でのことだ。

「三ノ窓雪渓を登って行くと左側に大きな滝がありますよね」

「ああ、滝ノ谷やろ」

「あれは冬はどうなってんですか」

「立派な氷瀑になるで。見たことある奴はほとんどいないやろ。登ったろうと思ったモンもおらんのちゃうか。大きくて立派な氷瀑やけどなあ」

滝をはじめて見たのはいつのことか覚えていない。はじめて意識したのは、残雪期に三ノ窓雪渓をスキーで上下したときだ。水量の多い段状の美しいナメ滝を、何でこんなところに、と想いながら眺めた記憶がある。そして、函ノ稜の初登攀に成功したときに、和田の言ったことを確認した。

それは、赤ムケの頭で悪天につかまり、大ヘツリ尾根の登攀をあきらめたときのことだ。僕と梶山は、いったん扇沢に降りて吉田と合流し、関電トンネルを抜けて再入山したあと、八ツ峰北面の函ノ稜を初登した。そのアプローチで、大きな一枚岩の岩壁に薄い氷が張りつくように垂れている滝ノ谷を見たのだ。

壁ノ谷、袖ノ谷、函ノ谷、菱ノ谷、滝ノ谷。八ツ峰北面の各ルンゼにつけられた谷の名前を見てみれば、滝ノ谷の性格がよくわかる。滝ノ谷は八ツ峰北面でもっとも傾斜がきつく、谷というよりは八ツ峰北面を代表する滝といっていい。夏に登った記録はあるが、滝を避けて側面のブッシュを登っている。もし今回取りつけば、滝そのものに触れるのは僕らがはじめてになるだろう。

滝ノ谷を見上げながら「どうする?」と松田に聞いた。空には濁った雲が広がり、いまにも雪が降り出しそうだった。袖ノ稜をめざすなら、わざわざ滝ノ谷を登らなくても、袖ノ谷の下部に開けている雪壁を登って取りつくことができる。

「どっちでもいいです」と松田は飄々としていた。中尾根主稜でずいぶん痛めつけられ、しかも昨日まで雪目でぼろぼろ泣いていた松田だが、あいかわらず何を考えているのかわからない。まだすこしは余裕があるようだ。

モゴモゴとうごめいている暗い雲をちらりと見て、やや広くなった右の緩い傾斜にアックスを振った。いまこの滝を登らないで、袖ノ稜を登ってしまったら、もう二度とこの滝を登る機会はこないだろう。氷の発達具合を見ても、ギャンブルをしてみる価値は充分ある。

ボスッと、ピックは鈍い音をたてて氷に深く突き刺さった。いったん解けかけた雪が凍った、ぐさぐさの柔らかい氷だった。でも、数十キロの加重なら耐えてくれるだろう。

一〇メートルほどテンポよく駆け上がって、スクリューを埋める。滝ノ谷を登るためにわざわざ持ってきたのだが、氷が柔らかくて効いてるかどうかわからない。ぽんぽんとアックスを刺し、高みへ。傾斜は緩く、難しい動作はない。五〇メートルロープが一杯に伸びたところで、表面の堅雪《かたゆき》を叩いて、蒼く厚そうな氷を出し、スクリューを埋めて支点とした。その支点に不要な加重を懸けないようにゆるゆると下降する。

「どのくらい効いてるんや」

おそるおそる降りてくる僕を見て吉田が言った。周辺の氷を見て、ビレイ点の強度に不安があることを見ぬいている。

「二〇〇キロくらいはいけると思うんですけど……」

黒部・剱では悪いところはザックを背負わずに登って、ロープを固定し、ふたたび荷物を背負ってそのロープを登り返す。精神的には怖いのはリードだが、肉体的にきついのは荷上げである。そして荷上げは完全にロープに頼って登るため、支点にトラブルがあるとリードが落ちる以上の惨事になる。黒部で移動しながら登攀を続けていく継続登攀の成否は、どれだけうまく荷物を上げるかにかかっているといってもいい。

僕の返答を聞いても吉田は黙ったままだった。

「三〇メートルほど上にブッシュがみえたので、ロープをつなげてブッシュをメインの支点にしますか」

「そうしようや」

一ピッチ目をユマールで登りなおし、右奥のブッシュまでロープを伸ばした。灰色の空から霰《あられ》のような雪が降りはじめ、風も強くなってきた。

三ピッチ目は垂直のF3越えだ。傾斜のある堅雪をトラバースして小さな滝の下へ。両手にアックスを持ったトラバースは難しい。アックスは下への加重を考えて作られている。氷に刺さっているところは握りより五〇センチほど上なので、横へ加重するとどうしても捻ることになる。トラバースでは捻りのぶれを無理な体勢で抑えながら体を安定させなくてはならず、登る以上のバランスと筋力が必要になる。

F3の始まりにスクリューを埋めた。かぶり気味の氷を思いきりよくとらえて、体を氷から離して高度を上げる。少しまえに降り出した霰がちり雪崩になって断続的に落ちはじめていた。

滝の落ち口には雪が溜まっていた。滝の最上部に刺さっている右手のアックスを引きつけて、届く範囲に左手のアックスを振るが、雪はどこもやわらかく、刺さったかと思って引っ張ると、ずるずると手前に戻ってきた。ちり雪崩で視界がひとときき真っ白になり、ヤッケと体の隙間に雪が入り込む。雪の侵入を防ぐように首を縮め、顎を引き、ちり雪崩の勢いが弱くなるのを待つ。

ピックを刺すのをあきらめ、今度は伸び上がってシャフトをぐさぐさの雪に突き刺した。多少は効いたようだ。胸のあたりで氷に刺さっている右手のアックスを抜きにかかる。抜いてしまえば、体を支えるたしかな支点を失うことになる。だが抜かないと前には進めない。どこまで耐えられるのかわからない左手のアックスに不用意な加重を懸けないように注意しながら、ジリジリと右のアックスを抜き、抜けたところで左手を支点にじんわりと伸び上がって「効け」と祈りつつ、右手のアックスをできるだけ遠くに振り刺した。

スカッと抵抗なくピックは雪面に突き刺さった。少し引っ張るとずるずると簡単に手前に引けてしまう。脳味噌が泡立っていく。ちらりと左手のアックスを見て、もう一度右手を振る。結果は同じ。アックスをもどかしく持ち替え、右手もシャフトを雪面に突き刺した。

シャフトへの加重が堅雪の破壊強度を越えるのが先か、僕が体を持ち上げるのが先か。この賭けに負けたとき、下に入れてあるスクリューは僕の墜落を止めてくれるだろうか。祈っても、必要以上に集中しても、それでこの一歩がより安全になるわけではなかった。だが、どんな些細なアクシデントにも対応できるよう全身の神経を研ぎ澄まし、もっとも平和的と思える加重とバランスで体を持ちあげた。

落ち口の上に立つ。白い光に包まれて狭くなっていた視界がひらけてくる。集中の限界から現実の世界へ。緩くなった雪壁を上のブッシュへ急いだ。

風は下から吹き上げていた。斜面に溜まった霰がちり雪崩になり、流れ落ちてくる。吹き上げる風がちり雪崩の表面をさらい、雪粒が目の前でくるくると回った。目を閉じて風が弱まるのを待っていると、今度は上下の睫毛が凍りついて目が開かない。

三ピッチ目を終えて上を覗くと、カンバの木が見えていた。終了点が近いようだ。手前の傾斜は緩いので一気に終わらすべくロープをつなげた。つなぎ目がカラビナにひっかからないように最初の五〇メートルはプロテクションを取らずに行く。

「ハーフ」という声が聞こえ、最初のプロテクションをブッシュから取った。

見上げれば、滝の落ち口からちり雪崩が風に揺れるカーテンのように落ちている。氷に覆われた右の岩壁に逃げた。

これが悪かった。振るったアックスを一センチ下の岩が跳ね返す。蒼氷と思ったのは岩に張りついたベルグラだった。

下を見る。もう戻れない。脇を締め、効いているバイルに体を引きつけて、遠くを叩いてみるが、すべてむなしくはじかれた。

振りまわしていたバイルを手首にぶら下げ、手を伸ばし、マッチのようなブッシュの先をつまんだ。指先でじりじりと手繰《たぐ》り、鉛筆ほどの太さになったところでグッと引っ張って、反動をつけ、根元に飛びついた。

北アルプス北部のブッシュは豪雪に鍛えられているので人の体重くらいは支えてくれる。アイゼンを蹴り込んで、体を安定させ、さらに氷とブッシュのミックスクライミング。最後は下から見えていたカンバの木を掴み、子供が鉄棒に上がるように、足をばたばたさせて身体を持ち上げ、雪田に抜け出した。

完登。だが、吹雪という悪条件に急かされていた。終了点までロープがのびた安心もあった。荷上げを面倒くさがったあげく、抜け口の垂壁で松田がザックを背負ったまま動けなくなってしまった。条件を厳しくして中尾根ドームの再現をしているようだ。

荷上げに切りかえ、ロープにぶら下がり、松田の下でザックを受け取る。自分と自分のザックをブッシュにつなぎ、後続で荷上げする吉田のために、スクリューを一本追加してロープの屈曲を減らす。松田が空身で上に抜け、荷物を上げにかかるが、ロープが雪に食い込んで動かない。僕もユマールでロープを引っ張って中継する。吹き荒れる風のなか、意思の疎通がうまくいかず、目茶苦茶になってきた。

ようやくロープが張られ、松田のザックが岩壁から離れた。

「よーし。そのままあげろー」

ロープにぶら下がったザックが静かに回りだす。そのとき、ザックの横に刺してあった松田のアックスがゆっくりお辞儀をするように傾いた。

「ああ」と僕は不器用な体勢から手を伸ばした。届かなかった。アックスがザックから離れて落ちる。

「吉田さん！」と下にいる吉田に望みを託した。吉田はアックスの落下ルートにはおらず、しかも、僕に呼ばれた理由を飲み込んだときには、アックスはすでに下の斜面を滑っていた。

止まれ止まれ止まれと祈りながら、ほんとうに止まったら取りに戻るべきか否か、松田のアックス、シモン・ナジャ二万四千円也と凍った滝での余計な活動＝危険を天秤にかけていた。だが、答えに悩むまでもなく、アックスは白い吹雪に吸い込まれて消え、カラカラという寂しい音もすぐに聞こえなくなった。

「命の代わりやな」と吉田がぼそりと言う。

山のなかで重要装備をなくすということは、執行猶予つきの死刑宣告に似ている。上の斜面に出ている松田は、まだ自分のアックスが落ちていったことを知らないはずだ。僕は吉田と顔を見合わせた。松田はいま、一瞬活動が停止した静寂をいぶかしんでいるだろうか。

「おーい、荷物上げて」と松田に声をかけて、荷上げを再開。だがザックは思うように上がらず、僕がもう少し上がって、引き上げることにした。

今度は僕のユマールがなかった。

「馬鹿な」と思うが、さっきザックを引き上げるために体から外し、バックアップをとらずに使っていた。慌ただしくあたりを見まわす。自分がひっかけていそうなロープ。ひっかかっていそうな足元のブッシュ。だが、見当たらない。

「どうした？」と下で僕の不審な行動を見た吉田がいう。

「僕のユマール、そのへんに落ちてません？」

「落としたんか」

「わからない……」

しばし捜索したが見当たらなかった。ちり雪崩が滝から飛び出して風にさらわれていく。仕方なくロープをつかんでずり上がった。雪原に抜けると、松田がブッシュを支点に素手でロープを引っ張っていた。抜け口からやや離れたビレイ点にいるので、ロープが雪面に食い込み、うまく手繰《たぐ》ることができないでいた。

「ザックの真上にこなくちゃ荷上げなんかできるわけねえだろう」と言おうとしてやめた。雪面に血が滲んでいた。ロープと堅雪のあいだに素手を突っ込んで、だいぶ奮闘したのだろう。

「ナジャのバックアップとっておいたか？」

「いや、ザックにさしておいただけです」

「わるい。落ちちゃった」

一瞬、間があってから松田は「荷物が軽くなりました」と無理して言った。

荷物も上がり、吉田も上がってきて、滝ノ谷下部氷瀑初登。最後の一ピッチはずいぶん高くついてしまった。

風がガスを運び、ときどき少しだけ視界が回復する。見上げる斜面の奥に雪をかぶった岩壁が見えたような気がして、また霧のなかに消えていく。自分がどこにいるのか把握することはできそうにない。

雪崩のこない安全な場所に早く移動したかった。頭のなかで八ツ峰北面の写真を思い浮かべてみるが、進むべき方向に確信は湧いてこない。

「何か見えた？」と、この場所にいちばん長くいる松田に聞いた。

「あのあたりに壁みたいのが見えました」と真上を指した。

「袖ノ稜の基部かなあ」

　空間はぼんやりと白く、雪面ははっきりと白かった。忙しかった滝ノ谷では食べられなかった行動食を三人ならんでぼりぼり食べた。松田は小さなスニッカーズを一日七本という手抜きの行動食だった。多彩な行動食を持つ僕と吉田が交換をもちかけ、味に変化を求めている松田の足もとを見て、悪徳商人のような取引でスニッカーズを手に入れた。寒気で固くなったスニッカーズを苦労して嚙みちぎると、口の中にアングロサクソンの好みそうな恥知らずな甘みが広がっていった。

　八ツ峰北面のど真ん中という絶対的な地理上の不安のなかで、しばし思考が停止した真っ白な時間だった。雪を運ぶ風に身をまかせ、斜面を見上げた。もう一度、頭に焼きついている八ツ峰北面の全景写真を思い浮かべ、そのなかに自分たちを描き込んでみた。それはとても人間が立っていていい風景ではなかった。だが、そんなところにどうして自分たちがいるのか、ぼーっとひとつひとつ思い返すのは、なかなか心地よい感覚だった。

　回想を一巡させたところで、行動食を口に突っこみ、真上に向かってラッセルを開始した。とにかくいまは、安全に泊まれるところをなんとか見つけるしかない。

　三ピッチ。そこから、緩そうに見える斜面をめざして右にトラバース。斜面はちり雪崩の通り道だった。さらに右へ三ピッチトラバース気味に進み、壁の末端から伸びる緩い稜に上がった。

　だが、緩いと思った稜も、遠目にそう見えただけだった。

「どーぉ？」とあたりを物色する僕に下のビレイ点から声がかかる。

「どのへんが緩くみえるぅ」と大声で聞き返す。

「どこも一緒ぉ！」

僕の乗っている稜は、すぐ上で岩壁にぶつかっていた。向こう側は切れ落ちた壁になって谷へと落ちている。来たところは雪崩の通り道。袖ノ稜の上にいるのだろうか。いま立っている稜をL字に切り崩して泊まるか、目の前の壁を登ってみるしかなさそうだった。

この傾斜では雪洞が掘れるほどの積雪があるとは思えなかった。風が吹くたびに粉雪を落とす目の前の壁も、どのくらいの規模なのかはわからない。自分がちり雪崩と一緒に落ちないように、ロープをブッシュに結び、雪の斜面を掘ってみることにした。

雪は柔らかいが、斜面が急で平地はなかなかできあがっていかなかった。吉田と松田も上がってきた。吹雪のなか登ってきた氷瀑五ピッチがじんわり効いて、誰もに疲れが出ていた。

「これを整地するのは大変ですよ」とちょっとおちゃらけて声をかけた。だが、吉田も松田も何も言わずにザックを下ろしただけだった。すでに入山してから七日。昨日は悪天で停滞したが、それでも黒部の豪雪とブッシュが相手なだけに、疲労の蓄積は少なくない。

壁からちり雪崩がつぎからつぎへと落ちてきて、整地したところを埋めていった。

もう一度、顔を上げてあたりを見わたした。だが何度見ても、吹雪にかすむ半径二〇〇メートル以内にはここよりましなところがあるようには見えなかった。吉田も立ち上がってスコップを持った。

「とにかく掘り下げていくしかないですね」

「そうやな」

テント半分のスペースもまだ切り崩していなかった。つらい十数時間が始まろうとしていた。体につけた装備がすべて凍っているのに、さらにこの状態で、ビバークみたいなテント生活を強いられるのだ。

雪面にスコップを刺しては放り投げる。腕と背筋が軋《きし》んで少し手を休めると、ちり雪崩が掘りだした平地を埋めていく。ほんとうにこんなところで夜を過ごせるのか。不安をかき消すように、またスコップを振る。

だまって同じ動作をくり返した。

そして、スコップが何の抵抗もなく雪面を突き抜け、つんのめった。

？

雪面に穴が開いていた。

光を吸い込むような暗い色が狭いクレバスではないことを示していた。穴を崩して頭を突っ込んでみると、大きなシュルンドだった。もがくように中に入ってみると、奥は大きな雪の洞窟のようになっていた。

斜面に溜まった雪は、積雪そのものの膨大な重さによってゆっくり下にさがっていく。その力が雪面に亀裂を作ればクレバスになり、雪を岩壁から引きはがせばシュルンドになる。冬は開いたシュルンドの上にまた雪が降ったり小さな雪崩が通ったりして、屋根のある空間を作ることがある。

斜面が急で、すぐ上から岩壁が始まっていたので、雪洞を掘れるような積雪はないと判断していた。だが、目の前にはちょっとした苦労でテントまで立てられそうな空間が広がっていた。

シュルンドに降りてきた吉田が、側壁を切り裂く真新しい亀裂を見て、うすい光が入ってくるその亀裂に深々と手をいれ、ニヤリと笑った。

ついさっき開きましたという感じで、雪粒の一つ一つが確認できるようなギザギザが割れ目の縁《ふち》に残っている。

「落ちやしないでしょう」と僕は言った。

落ちるかもしれない。亀裂は何かの拍子に、そこを起点に大雪崩が発生する可能性を示唆している。しかもいまは激しい降雪中だ。

だからといって僕らにほかの選択肢があるわけではなかった。

シュルンドを拡張し、テントを張った。外では雪がさらに激しくなったようだ。僕らは洞窟の脇に凍った装備を放り出し、まっさらなテントの中に入り込んだ。つい数十分前に覚悟していた地獄の十数時間は、自分たちの体臭を考慮しなければ、のんびりした休暇に変わっていた。

袖ノ稜

「このシュルンドがなかったら、いまごろどうしてるンかなあ」と動物園のような匂いのテントに寝転がって吉田が言った。快適な夜を過ごして、停滞の朝を迎えていた。

「なんとか夜を過ごして、いまごろはもう、数ピッチ登っているでしょう」

外はひどい吹雪が続いていた。いらない荷物はシュルンドの壁に刺したバイルにすべてぶら下げてある。テントの中は広くて快適だ。想像上の自分たちと、テントで暖かいシュラフに入って寝ころんでいる自分たちとの違いは、ほんのわずかだった。もう少し左の斜面を整地していたら、このシュルンドに行きあたることなく、いまごろ凍ってごわごわのヤッケを着て、吹雪のなかロープをのばしていたかもしれないのだ。

テントの入り口を開けると、シュルンドの入り口に積み上げたブロックの隙間からサラサラの粉雪が入りこみ、テントの前で小山を作っていた。粉雪がシュルンドを埋めつくしてしまう前に、入り口の除雪に出るのが本日最初の仕事らしい。

いい歳の男たちが狭いテントの中で一日中いったい何をしているのか。吹雪の山で停滞を経験したことがないと想像するのは難しい。

朝がきても、とりあえず起きない。眠れるだけ眠って、耐えられなくなった者が、腰が痛いとか、腹が減ったとか、茶でも沸かそうとか言いながら起きあがる。狭いテントの中ではみんなが起きあがらなくては何もできないが、提案に反対する者はほとんどいない。「起きよう」という提案をするのすら面倒くさがっていたのだから、異議を唱えるほどの意志をもつはずがないのだ。

山行の後半で食料や燃料に余裕がない場合は、朝食は抜きになり、お茶だけ沸かして、一日ぶんの行動食をぼそぼそ食べる。そして頭を使わなくても話せること、異性に対する勝手な妄想とか「あー濡れてるー」「うー寒いー」などのとくに本気でも嘘でもない不平を並べつづける。長い山行後半の停滞では、決まって残り少ない行動食をどのくらい食べてしまうか、街に降りたら何を食べるか、世の中でいちばん旨い刺身は何か、いちばん旨い果物は何か、最近食べた旨いもの、これまでの人生でいちばん旨かったものなど、最終的にはかならず食べ物の話になる。無人島に一ヵ月行くのに「お米とおかず一品」といわれたら何を持っていくか。これが、長期山行後半の暇なときにでてくる究極の話題である。僕はいつも納豆か生ウニかの最終決定が下せない。納豆に入れる薬味があるかないかで話がかなりかわってくる。山行の初日に、エアマットに小さな穴を開けていた僕は、ときどきエアマットに息を吹き込むのがこの日のいちばんの仕事だった。

ということをしているうちに時間は過ぎてゆき、一六時の気象通報の時間になる。だれかが天気図を取り、残りがゆっくり夕食を作る。いったい人生にとってこの一日が何を意味していたのか、そもそも一日という単位に実態はあるのだろうかという漠然とした謎が頭の奥のほうに浮かび「恐ろしく無駄な一日だった」などとぼそりとつぶやいて安心し、そのことそのものを忘れてしまう。

ふたたび流砂のような雪が、窪んだ僕らの住居に入りこんで、無遠慮な小山を作っていた。寝るまえに吉田と二人除雪に出た。入り口はすべて雪で埋まっていて外に出るのも一苦労。出れば変わらずすごい吹雪である。

「雪崩と一緒に落ちんようにな」という吉田に「大丈夫、大丈夫」と答えながら派手にスコップを振りまわしていたら、ブレードが取っ手から抜けて飛んでいってしまった。慌てて雪面を照らし、目を凝らすが、粉雪が積もった吹雪の急斜面では探すべくもなく、跡形もなくなっていた。

「どうした?」

「スコップが飛んでった……」

斜面をちょっと降りてみようとする僕を吉田が制した。

「やめとけ落ちるぞ」

「でも……」

風に運ばれた雪がばちばちとヤッケを叩いた。

「もう……しかたないやろ……」

スコップはあと一本あった。吉田は念のため、残りのスコップについていた細ひもを腕に通して、ふたたび除雪を始めた。探す努力もできないことで、僕は失ったということがうまく信じられず、雪面を照らしつづけていた。まるで吹雪にスコップがぺろりと食べられてしまったようだ。アックス、ユマール、そしてスコップ。重要な装備が不注意からまたあっという間になくなった。消えていった装備のぶんだけ、いやな感覚が体の芯のほうにたまっていく。しかも、スコップはまたしても松田のだった。


翌朝、ふたたび除雪をかねて外に出た。天気は少しだけ回復したようだ。足元からは複雑な地形が切れ落ち、三ノ窓谷を挟んで新雪で真っ白な三ノ窓尾根がかすかに見えていた。危機感を含まないガスの明るい流れ。見上げるとうっすらと空の青さが見えている。だが、天気予報も天気図もすぐそこにつぎの気圧の谷が近づいていることを告げていた。シュルンドの家をそのままにして僕らはルート工作に出ることにした。

シュルンドの側壁を壊さないように胸まである雪をもがいて大きく回り込み、ブッシュの壁に入る。ところどころ垂直で傾斜の強い岩壁だ。急なところは氷の溝のようになっている。両手に持ったアックスで氷をとらえ、アイゼンを蹴り込み体を上げる。手の届くブッシュを摑むと、その上にこんもりと積もった雪が頭にどっさり落ちてくる。そんなことをくり返して一ピッチ登り、雪壁の途中に生えたカンバでビレイ。ビレイ点を踏み固めていたら、足元から落ちる雪がすべてちり雪崩になって、登ってくる吉田に降り注いでいた。

雪まみれであがってきた吉田に頼んで、またトップをやらせてもらう。急な雪壁を泳ぐようなラッセルで上っていくと、しだいに両側の壁が近づいてきて目の前で合わさり、鋭角のナイフリッジになった。いままで経験したどんなナイフリッジよりも鋭い。しかも昨日の吹雪で先端がまくれたように右側に垂れ下がっている。戻ってラインを変えようかと来たところを見下ろしてみたが、その選択肢はすでになかった。クライミングは登るより降りるほうが何倍も難しい。確保なしでこの不安定な雪壁を降りることはできそうにない。

盛り上がったリッジの先端を崩し、左手のアックスを崩したリッジの真ん中に突き刺した。右手はリッジを小脇に抱え込むように押さえて、リッジの左側に足を踏み出した。そんな手順を三回くり返したとき、ふっと体が浮くような感じがして、足元から雪崩が発生した。

雪崩が落ちたあとに現れた硬い雪面にアイゼンが食い込んで、僕の落下は五〇センチほどで止まった。新雪の下から三日前の雨で凍った雪面が出てきたのだ。雪崩は静かに足元から滑り落ちて、徐々にスピードを増しながら周囲の雪を巻き込んで雪煙を上げ、谷底に落ちていった。

雪崩は離れるにつれて、僕との関係を稀薄にし、自然現象の一つに変わってゆく。一瞬の戦慄だけが金属音のような余韻を僕のまわりに漂わせている。

エッジがさらに鋭くなり、雪稜に馬乗りになった。両手と尻で不格好に進むと両側の足元から雪崩が発生し、すうっと体が下がって、また、硬い雪面の稜に乗ってとまる。傾斜が増し、キノコ雪に変わったところで、左の雪壁に入った。あいかわらず五歩進むたびに足元からは雪崩が発生している。ビレイ点が作れないので、下の吉田にザイルを継ぎ足してもらい、念のため、このピッチではじめて、か細いブッシュにプロテクションを取った。そして数歩。また、ふっと浮いたような感じがした。

生物には防衛機制という心理メカニズムがあるという。危険きわまりないことをやっていると充分に認識していても、自分にだけは悪いことは起こらないと信じることができるのはそのためらしい。

「しまった」と思った。頭が下になって滑り出していた。すぐそのあとに衝撃がきた。波が引くように周りの雪が僕を取り残してゆく。谷底に落ちていく雪崩が天に昇るようにみえた。僕は頭を下にして斜面にぶら下がっていた。

上を見ると小さなシュルンドに足がひっかかっていた。

間一髪。ついているときはこんなもんだ。

起きあがろうとしたら、シュルンドにかかっている足が動いた。

「ロープ、張って！」

「なーに？」

いつの間にか風が出て雪が舞いはじめ、声がうまく届かない。

貧弱なプロテクションにかかる、たるんだロープ。ちょっとでも体を動かしたら、外れそうな足。頭の下には、雪崩に磨かれた斜面が広がっている。滑り落ちていく自分がほとんど見えるようだった。

「張って！張って！張ってぇ！」

張られたロープを頼りに起きあがり、シュルンドの端に立ち上がった。何もなかったかのように大粒の雪が静かに舞っていた。大騒ぎした自分が馬鹿らしい。だれも僕のことなど気にも留めていないし、僕に何が起こったのかも知りはしない。ここは八ツ峰北面のど真ん中なのだ。

雪崩を落としながらのトラバースを再開し、氷のガリーと垂直のブッシュ壁に入る。結局三ピッチでは壁のなかから這い出すことはできず、ブッシュにロープをフィックスして下降した。

雪洞では松田が昼の天気図を取っていた。天気図からは明日以降の好天が読みとれ、天気予報も二日間の好天を保証していた。自分たちが八ツ峰北面のどのあたりにいるのかよくわからなかったが、どうやら、今回もおおよそ勝負がつきそうな予感がここでようやく湧いてきた。

夜中に降った雪が、またたっぷりと壁から落ちて、入り口をふさいでいた。今日を含めてあと二日で降りるためには、今日中に八ツ峰主稜線に這い上がって、できればⅥ峰あたりまで、進んでおきたい。雪洞を出ると冬の青白い黎明の世界が、静かに一日のはじまりを待っていた。

昨日のフィックスを掘り出して引っ張る。フィックスの上にたっぷり雪が降り、ロープを埋めていた。東の空は白く、西の空は深い藍色だった。そのあいだの空にはすべての色があった。空気はどこまでも澄んでいる。綺麗すぎる水に生命が宿らないように、この無風快晴の風景も時間が止まったように無機的で冷たかった。ロープを引くと雪のなかに閉じこめられた空気独特の埃《ほこり》くさいくぐもった匂いがした。

滝ノ谷の五ピッチ分とその後のラッセル六ピッチ分を換算して、自分たちは八ツ峰北面を真ん中あたりまで登っているのではないかと計算していた。

フィックスをたどって高度を上げてゆくと、急な谷を挟んで隣にある凍った壁の全景が見えてきた。二〇〇〇年三月に登った函ノ稜のはずだ。

函ノ稜登攀の記憶を手繰り、頭のなかに鳥瞰図を描いて回転させてみた。過去の記憶と目の前の風景が徐々に一致しはじめ、霧が晴れるように思考がクリアになっていく。

どうやら僕たちはばっちり袖ノ稜に乗っかっているようだった。三日前、やみくもにトラバースしたが、ラインはあっていたのだ。だが、その先でボタンをかけ違えたような居心地の悪さが思考の奥のほうをくすぐっていた。

視線を右に移した。隣の稜の上のほうに見覚えのあるリッジが見えた。吹雪のなかで整地する過去の自分たちが見えるようだ。函ノ稜に登ったとき、苦労してあそこにテントを張ったのだ。

「吉田さん。これ函ノ稜ですよ」と谷を挟んだ向こうにある凍った壁を指さした。

「そうか」と吉田は軽く答えただけだった。初登攀を共有した仲間が過去を懐かしむひとときを提供していると思っている。

「あれ、テントを張った稜ですよ」と僕は会話の真意を強調するように、さらに上を指さした。僕の言いたかったことがみるみる伝わっていく感じが吉田の顔に現れている。同時に僕も頭のなかで記憶をさきに進めた。あのテント場から八ツ峰の稜線まで何ピッチで何時間かかったか。

函ノ稜を登ったとき下部の雪壁を数ピッチノーロープで登って、さらに吹雪のなか、五ピッチほどロープを伸ばし、テントを張った。翌日、八ツ峰主稜までは五ピッチほどだったろうか。浅いラッセルで夕方まで歩き、Ⅶ・Ⅷのコルに着いた。いま僕らはそのときのテント場よりはるか下にいる。単純な引き算に、腰までのラッセルを係数にして掛けると、出てくる答えのどこにも楽観的な要素を見つけることはできなかった。

四、五ピッチ目も急な雪壁をゆく。二日間降った雪は一メートル近くあり、ロープはなかなかのびていかない。五ピッチ目をフィックスして戻ってきた吉田が「今日は夜の七時までやなあ」と言った。

傾斜が緩くなり、ラッセルをするトップだけをビレイしながら、コンテ交じりで前進する。暖かい陽射しに焼かれて雪は安定しはじめているようだ。ちいさなクレバスが二〇センチほどの風紋となって盛り上がっている。風紋を崩し大股でクレバスの向こうに乗りこむ。技術的な問題はない。だが、じりじりと僕らのスピードは遅く、太陽は頭のうえに上がっていった。もはや先を急いでも仕方がない。いったいいつになったらこの山行は終わるのだろう。

上部は技術的に悪いところはなかった。だが、八ツ峰主稜に這い上がったときは、とうに昼を過ぎていた。これで今回三つ目の初登攀、袖ノ稜が終了した。

クラストした雪面を期待していたが、主稜に出てもラッセルは深いままだった。強い陽射しで粘りけを増した春の雪は重く、足が上がらない。初登を噛みしめる間もなく、松田がラッセルに出た。

袖ノ稜を登ると八ツ峰のⅠ峰とⅡ峰とのあいだに出る。八ツ峰の登攀にはいくつかのポイントがある。Ⅳ峰の下り、Ⅴ峰からの二回の懸垂、雪崩の危険なⅥ峰の登り、いやらしいⅧ峰の登りなど。Ⅰ・Ⅱ峰のあいだの岩稜もポイントの一つだ。僕らは岩稜の途中から長次郎谷側に懸垂し、斜面をラッセルした。システムは引きつづきスタカット・コンテ。トップが必死でラッセルし、セカンドとラストはときどきビレイを解いて前進するというシステムである。

太陽がまさに剱岳の向こうに隠れようとするころ、Ⅲ峰の平坦地についた。朝の誓いには三時間ほど早い四時だった。

「明日になれば雪が締まるだろう」

「無理して疲れを残したり、滑落したり、雪崩たりしたら元も子もない」

「ここがいちばん簡単に整地ができて、平らで広いから安眠できる」

ようするに十二時間のラッセルでもう嫌になり、この先の苦労を明日にくり越す御託を順番に並べただけだった。今日は疲れていても明日になれば、下山というモチベーションでなんとか歩くだろうと、人ごとのように考えていた。

天気はまだ持っていた。うっすらと光をとり戻した世界に、剱岳の山頂が映えていたが、つぎの低気圧が近づいている。

一日で降りるには多少の無理が必要だった。夜中ずいぶん風が吹いていたが、歩き出すと雪面はそれほど締まっていなかった。ガラスに描かれたように薄くかすれた雲が、微妙に形を変えながら青空を這っていった。

もどかしい一歩を重ねて距離をのばす。登山に起死回生の一発はない。Ⅴ峰の下降点がきわどい雪稜の向こうだったので、竹ペグを埋めた。Ⅴ・Ⅵのコルから長次郎谷を見る。デブリが流れているが、雪面は安定していそうだ。昨晩、下山を確実にするために、八ツ峰の上半分を割愛して、剱の山頂に抜けるルートを検討した。長次郎谷を横断して、熊ノ岩のある尾根を詰めるという作戦である。そのルートならうまくいけば一日で街に降りられる。今日中に降りなければ、つぎの低気圧につかまるかもしれない。だが、このショートカットは八ツ峰を完登しないで逃げるようで気が引けていた。

「この雪ならどうせⅧ峰は巻くんだから一緒やろ」と吉田が言ってくれた。

長次郎谷が安全だというわけでもないが、八ツ峰に手間どって長く山にとどまるより、今日の好天を利用して、降りてしまうほうが不確定要素は少ないように思えた。これがヒマラヤの初登頂だったら、もちろん山の弱点を突くだろう。もはや勝手知った八ツ峰の完登より三つの初登攀を大事に持ち帰ることのほうが僕のなかでは重要になっていた。

僕らは長次郎谷に降りた。もし僕らが長次郎谷で雪崩に埋まったら、それを知った人々は僕らのことを馬鹿だと嗤《わら》うだろうか。

雪崩が出るようすもなく、考えていた以上の早さで、僕らは剱岳のピークに着いた。

空は高曇りになり、越中富山も霞んでいた。

疲れた足を引きずって、早月尾根に向かった。馬場島《ばんばじま》に降りたときには、日は完全に沈んでいた。

富山のビジネスホテルで浅い眠りから目覚めた。雨樋がビルの裏路地にぼとぼとと雨を流し出している。長い山行を終えた最初の夜、僕はいつもうまく眠ることができない。登山に駆使していた意識や感覚のスイッチをうまく切ることができないからだ。

外は予報どおり大粒の雨だった。剱岳は吹雪だろう。部屋には、二週間命を預けてきた装備と、昨夜くだらないテレビを見ながら食べたお菓子の袋が散乱していた。打ち上げもスナックもテレビも儀式みたいなものだ。冬期登攀は不合理な目的のために合理性を積み重ねていく不思議な行為である。「自我」という現代社会では何よりも強いものが、死の恐怖をまえに縮みあがり、ときには消えてしまう。下山後は些細な欲をあえて満たすことで、僕らは自我と街の生活をとりもどしていく。

登山を通して強くなったと実感することは、シンプルな喜びである。生き延びる自分を経験すること。ここに僕の登山のオリジナルがある。体験は目には見えないが、僕のからだの一部となり、僕を確実に変化させている。

自然には意志も過ちもなく、純粋な危険があるだけだ。その危険に身を晒す行為に、情緒と感傷をくすぐる甘い香りが漂っている。

吹雪のなか、一歩一歩山奥に入っていく。歩けば歩くほど街は背後に小さくなる。ガスの合間に見えるルートに闘志を奮いおこそうとするものの、不安がそれをかき消してゆく。ほんとうに自分の進むべき道はこっちなのか。言い知れぬせつなさに苦しくなる。

僕は強くなりたい。生命体としてしぶとく生きる力が欲しい。ひとつの生命として強くなりたいと望んだとき、いまのところわれわれができるのは大自然のなかに帰ることしかない。

ビジネスホテルの小さな窓で遮られた春の雨を眺めながら剱岳の山頂に思いをはせた。最終日、僕らは下山を確実にするために、八ツ峰の上半分を割愛して、剱の山頂に直接抜けるルートを取った。八ツ峰の完登より三つの初登攀を持ち帰ることのほうが重要で、低気圧につかまるのはもういやだった。

もし昨日下山していなかったら、いまごろ僕らは、どこかで吹雪に叩かれていることだろう。そのとき、僕は何を感じているのだろうか。そんな架空の自分とそれをホテルの部屋で想像している自分は、まったくの紙一重で、何かちょっとしたことで、事態はまったく違うことになっていたかもしれないのだ。

結局なるようになったのだろうか……。

いま、現実のことしか僕にはわからない。わからないが、やはり僕は微かな可能性を探って、それを自分の力でつなげてきた。僕は自分の力でこの山行をなし遂げ、そして、また登山後の世界に戻ってこれたのだ。

吉田と松田に声をかけて、登攀具の整理をしなくてはならない。

日高のあとの話、もしくはちょっと長いあとがき

日高の山行で職を失った僕が、その後どうなったのかというと、ひと月ぶりに出社してみたら、僕の机に見も知らぬ人が座っていた、ということはなく、また、山岳雑誌を編集する出発前と同じ日々が始まった。月給をもらい、それで自分の食べるものを買い、家賃と光熱費を払い、生活に必要なのか不要なのかわからない買い物をして些細な欲を満たすという生活である。ありがたい。

室蘭からフェリーで東京に向かっているときは、思ったほど疲労していないなと高を括《くく》っていたのだが、帰京して一週間ぐらい経ってからやる気のすべてが体から抜けていくような疲労感に襲われ、一ヵ月くらい階段をのぼるのもつらいという日々が続いた。内臓のなかにため込まれているグリコーゲンとか、そんな栄養物のすべてまで使いきったような疲労感だったのだと思う。

いま山行をふり返って思うことは、もし、もっとサバイバル登山のスタイルを貫いていたら、いったい僕はどうなっていて、どんな世界が見えたのだろうかということだ。ラジオがなく、もし台風が来ることを知らなかったら、僕はどんな行動をとっていたのだろうか。考えるだけで怖くなり、同時

にわくわくする。時計のアラームと高度計にも助けられた。アラームがなければ寝坊がもっと多かっただろう。高度計がないくらいでルートを誤ったとは思わないが、確信なく進む時間が増えることは、疲労につながってくる。まったく事前調査をせずに、入山したらもっともっと面白かったと思う。

おおよそ山登りの範疇に入るものは岩壁登攀、フリークライミング、スポーツクライミング、雪稜、アイスクライミング、沢登り、山スキー、藪こぎから高所登山まで、何でもやってきた。で、どういう山登りがいちばん好きなのですかと、ときどき聞かれる。なかなか難しい質問だ。フリークライミングも、スキーも、釣りも山菜もキノコも、どれかひとつを目的にしていたら僕の登山は続かない。それらの要素は、山を楽しく快適に旅しながら、できるかぎり自分の力で登山を行なうためのアイテムでしかない。旅に占める自分の割合をできるかぎり増やしたい。そんな思いがそれらのアイテムを増やしつづけようとする原動力になり、結果いろいろなことに手を染めてきた。

だから、何がしたいのかと聞かれたら、できればいっぺんに全部したい、というのが正直なところだ。自分のもっている能力をすべて発揮できるような登山がしたい。サバイバル登山、冬の黒部、日高などの長期山行。総合力を発揮する場を求めると、ひとりでにピュアな大山塊に近づいていく。

もしタイムマシンに乗って、数千年前の地球に降り立つことができ、そこで過ごせたら、それは僕の遊びにとって究極のフィールドである。

そして、数千年前、数万年前にそうやって生きてきた人たちがほんとうに存在する。不思議なことに、その人たちの血が確実に僕のなかに流れている。これは驚きとともに、僕の存在のよりどころでもある。家柄というものにプライドをもつ人もいるが、僕にとっても自分が数千年数万年過去の祖先につながっているというのは、大きな誇りである。かなうことなら、保険も年金もなく、ケモノと同じ生活を送っていた彼らにその気持ちを伝えたい。

楽しみとして愛好するものを趣味というなら、僕の登山は趣味ではない。ずいぶん入れこんで、人生の多くを割いてしまい、山は僕からは切り離せない体の一部になってしまった。人生観や価値観は、多くが登山中に感じたことからできあがっているといっていい。

「SIVA FUN WORLD」という落書きをインドヒマラヤ・スキーツアーの帰路、バスの中から見た。「SIVA HAS FUN THE WORLD」がおそらく文法的には正しいのだろう。神は世界を楽しんでいる。もしくは戯れているといった感じだろうか。なんとも心躍らされる落書きだ。自然のなかで遊んでいると、そのおかまいなしのでたらめさと愛想のない寛容さの両方に触れることになる。そんな経験から、破壊と創造の神シバこそ、大自然を象徴する神だと僕は思っている。もしかしたら、僕の登山はシバ神とともに遊ぶということを目的にしているのかもしれない。

日高の少しまえ、二〇〇三年の二月に南アルプス・仙丈岳・三峰《みぶ》川支流の岳沢から甲斐駒ケ岳の戸《と》台《だい》川へ継続フリーソロアイスクライミングをした。フリーソロとはロープをつけない登攀のことを言う。もちろん落ちればかなりやばい。

フリーソロは大学を卒業したころによく行なっていた。剱岳・チンネの「中央チムニー」「左稜線」、剱尾根、谷川岳・一ノ倉沢の烏帽子奥壁「南稜」「変形チムニー」、同じく一ノ倉沢の「滝沢第三スラブ」も冬にフリーソロで登った。

登山文化に参加するなら、これまでの礎《いしずえ》に何かを積み上げなければ意味がない。新しい概念や技術、道具がある現在にクラシックルートを昔と同じスタイルで登るなら登れてあたりまえ。絶対落ちないならロープなどいらない。ロープワークの煩わしさのぶん危険とも言える。恐怖心をコントロールできればソロでも登れる。

いま思えば若いころのフリーソロは、いっぱしの登山家っぽい肩書きを手っとり早く手に入れるための行為だった。登山文化がどうこうというのも、煩雑なビレイシステムや面倒な人間関係から目をそむけ、度胸だめしで華やかなタイトルを手に入れたいと思う若者の言いわけである。が、僕はそんな理屈を本気で信じることができた。当時、フリーソロしたいと思ったアイスのルートが谷川岳・一ノ倉沢の滝沢第三スラブ、同じく一ノ倉沢の二ノ沢右壁、そして仙丈岳・三峰川支流岳沢の三つだった。

二〇〇三年になって、岳沢を登ろうと思いたったのは、戸台川へ継続し、仙丈と甲斐駒をつなぐラインを思いついたからである。吹雪に捕まってしまったので、結果的には二泊三日になったが、一泊二日で抜けられたらかなり美しい登攀だったと思う。二ノ沢右壁は宿題として残っているが、いっときより死ぬのが怖くなってしまったのでもうやらないだろう。

ふぬけた生活を送って、目が濁った大人になるなら死んだほうがまし、と思っていたのは二五歳、せいぜい三〇歳までである。当時はほんとうにそう思っていた。僕らの時代はただ生きているだけでは、何の経験も積み重ねることができない時代なのだと信じていたのだ（いまでも少しそう思っている)。僕が過去や過去のスタイルに憧れる源がそこあるのかもしれない。昔の人間なら生きるだけで深い経験ができたような気がするのだ。

二〇〇五年には黒部別山の東面をスキーで滑降し、越中富山側から後立山への横断に成功した。ルートは本書に登攀記録がある中尾根主稜のすぐ横、黒部別山谷左俣主峰ルンゼである。記録的には黒部別山東面の初滑降ということになっている。これも冬の黒部にいくらか通った経験が生きた冒険的スキーツアーだった。梶山を含む三人の仲間と一緒だったのだが、滑り出すまえはみんな顔面蒼白。滑ってみると急斜面の滑降より、激しいデブリ(雪崩の残骸)の処理のほうが大変で、滑降した部分より、スキーを履いてデブリを乗り越えていた距離のほうが長かったかもしれない。

スキーによる黒部横断は、まだいくつか候補のルートがあり、今後も滑っていくだろう。夏にサバイバルとして行きたいラインもまだいくつかある。だが日高を凌《しの》ぐようなサバイバル登山ができる山塊は日本にはもう見つからない。ただ東北地方全体を大きな山塊と捉えたサバイバル山行はおもしろそうだ。奥利根から南会津、下田《しただ》川内《かわち》、飯豊《いいで》・朝日を沢を歩いてつなげる。里に降りたときに米と塩を買い足して、それぞれの山域をサバイバル山行でつないでいくのだ。朝日連峰の先に、月山、神室《かむろ》、焼石、和賀、八幡平までつなげられたら最高だ。海外も検討中である。ヒマラヤやアンデスは植民地時代にトラウトが放されて野生化しているので、サバイバル登山が可能かもしれない。

長くつなげていくということは、僕にとっては重要な要素である。都会の安穏とした生活の余力を残した登山は簡単だ。体のなかには栄養価が高くて旨い食い物が循環している。だが、そのぶん山からは遠い。山に長くいれば、体のなかから都会の循環物が排出されて、山の水と山の食料と山の空気が入りこみ、僕そのものが山に近くなっていく。それは、ちょっと山に来たお客さんから、そこで生活する生き物に変わっていくということでもある。

やや穿《うが》った見方だが、都会に生きる人々の大多数は一方的に消費するだけの人間という意味でお客さんである。買い物客、乗客、もしかしたら患者まで、自分で解決する機会を奪われたか、あきらめるようにしむけられてきた人々だ。食料の調達をあきらめてスーパーに買いにいき、自分で移動することをあきらめて電車に乗り、自分で治すことをあきらめて病院にいく。

僕は街にいると、自分がお金を払って生かされているお客さんのような気がして、ときどきむしょうに恥ずかしくなる。

労力まで買ってしまうことと、材料を調達して自分で処理することはもちろん違う。外食は食材と燃料とそれにまつわる労力をすべて買うことだ。水道屋に電話して直すのと、部品をホームセンターで買って自分で直すのは違う。自転車を買って自分で漕ぐのと、電車に乗ってしまうのは違う。

生活を快適で便利にするテクノロジーが悪いわけではない。使う側の問題だ。化石燃料の消費を抑えるためにすべての世帯がカマドと薪ストーブにしたら、日本の山から木はなくなってしまう。好きではないけど仕方がないこともある。ただ、できるかぎり文明が可能にする怠惰、悪巧みには荷担したくないだけだ。

できるだけ自分でやりたいと僕はつねに思っている。山に向かうのも、消費者である日常から期間限定であっても逃げ出したいからなのかもしれない。だからだろうか、僕は山では極力お客さんにならないように努めている。営業小屋は使わないし、できれば林道も登山道も避難小屋も使いたくない。

加工食品を持ち上げるのも気が引ける。

登山を始めたころからいま現在まで、登山に求めてきたことはずっと「生きること」だ。自分の意志で「生きようとする」瞬間といいかえてもいい。若いころはその方法論が、フリーソロなどのダイレクトに生死を賭けた登山だった。死を意識すればそこにはかならず生がある。それが、少し歳をとって生活的な登山に変わってきた。

かつてはクライミングやスキーのことばかり考えていたのに、いまは、狩猟採取全般のことを考えている。二〇〇五年には鉄砲撃ちも始めた。たまたま、東京に近い地域の鉄砲撃ちに知り合いができ、狩猟仲間に加えてもらうことができたからだ。猟のスタイルは巻狩りで、山肌に残った足跡からケモノがいると思われる個所を予測し、そこに犬を放して、獲物を追い出すものである。獲物はシカ、イノシシ、ツキノワグマ。撃ち手はケモノの通り道を分担して、そこで静かに待ちつづける。とりあえず僕のすべきことは、指示された鞍部や山頂に登って鉄砲を抱えてひたすら獲物がくるのを待つことだった。

この本に流れている自分の力でというキーワードと、鉄砲という現代装備を駆使した猟はかなり離れているともいえる。鉄砲は、閉鎖された筒の中で人為的に爆発を起こし、そのエネルギーを利用する。発動機と同じシステムの文明品である。できることならば、やられるリスクを背負ったよりフェアな方法で、狩猟ができるようになりたい。たとえばアメリカでは特殊な弓によるかなりフェアな狩猟が行なわれている。

スーパーで肉を買い、自分の手を汚さないで食べるほうが、ケモノを殺す狩猟者よりよほど野蛮である、という意見を最近よく聞く。正論だといえるだろう。僕もこの本に似たようなことを書いてきた。だが、狩猟者が狩猟を楽しんでいる（殺生にはある種の興奮がともなう）ことと、狩猟は闘いではなく一方的な殺戮である（狩猟者側にリスクがほとんどない）ということを狩猟者側が忘れたり、隠したりしたら、やはりそこには野蛮な部分しか残らない。イノシシにしてみれば、家族で寝ているところに、牙をむいた犬が乱入してきて、逃げだしたら発砲されるのである。イノシシ新聞なんてものがもしあったら、十一月十五日から二月十五日までの狩猟期間（これもケモノにとっては迷惑な話だ）は同朋が殺戮された記事で埋まるだろう。人間はいまのところこの星で最強のプレデターなのだ。

だが、実際に狩猟を体験してみると、ケモノを殺すというのはそれなりに大変な行為でもある。がたがた震えながらただひたすら待ちつづけ、それでも、首尾よく捕れる可能性は低く、仕留めたら仕留めたで、山から獲物を下ろし捌かなくてはならない。

「野生動物がかわいそう」という一般的な感情は、仕留める瞬間しかイメージしていない。かといって、息を切らして山に登り、寒さに凍えて待っている狩猟者がかわいそうということもない。せいぜい愛すべき馬鹿者という程度である。

自分の食べるものは自分で殺したいという思いから、僕は狩猟の世界に入っていった。これはまだ続けるだろう。「生きること＝殺すこと」という、都市生活に覆い隠されている大原則から目をそらしたくないからである。その先にフンザで見た肉屋のあの深みのある笑顔がある気がするからだ。

僕の登山が生活的なものに変わってきた理由にもうひとつ心あたりがある。かなりノーマルな理由で恐縮だが、家族の存在だ。僕には、できがいいと言っていい妻と、可愛い子供が三人いる。

若い登山者が登山から足を洗う契機は三回あるといわれている。一回目が就職、二回目が結婚、そして三回目が子供の誕生である。第三のハードルがもっとも高いらしい。僕の場合、一人目が生まれたときはかなり自由に山に行き、年間で一二〇日ぐらいは山に入っていた。だが、第二子、第三子とプレッシャーがかなり高くなり、徐々に山行日数は減っている。プレッシャーとは、単純に手が足りない相方が発するものだけではなく、自分の内側からもにじみ出す。子供が可愛いくて、子供と遊んでいるほうが、山登りより楽しいのだ。虫捕りやザリガニ捕りが楽しくてたまらない。どうやら僕は、もう一度ガキ大将をやりたくて、子供を三人作ったようだ。子供に声をかけて虫捕りに出発する瞬間はたまらない。そこにすべてがあるといってもいい。できれば、永遠にそんなことをやっていたい。登山なんか行きたくない……、こともないが。

登山は歴史的使命を終えたとか、山から若い登山者が少なくなったなどといわれている。たしかに登山を志す若者は少なくなった。しかも、その数少ない若い登山者は、岩場や沢、冬山にいて、一般の人々の目には触れにくい。絶滅危惧種といってもいい。

そんなことになってしまったのは、いろいろな理由が複合的に絡んでのことだろうが、人が山を壊してしまったのが、おもな原因ではないだろうか。人はよかれと思って登山道や山小屋を造ってきたが、それは登山を損なう行為だった。登山はレクリエーションではなく表現行為である。誰でも登れるような山に、少なくとも健全な登山者は行きはしない。登山道や山小屋が山を殺してしまい、登山者は壊された山を避け、フィールドが消滅したぶんだけ登山者と登山そのものが消滅してしまったのだ。

山小屋も登山道も近代装備も登山者にとっては堕落と妥協の産物でしかない。くり返しになるが、それはおもてなしだからであり、登山とおもてなしは相反するものだからだ。山をおとしめれば山は登れてしまう。手を加えられた山は自然ではない。

われわれは「大自然」という言葉をいま、自分が住むところとは違う場所という意味で使っている。そこに現代人の限界があらわれている。

「足るを知る」と言われても、生まれたときから何もかも揃っていた僕らの世代は、いったいどこが「足りてる」基準なのかがわからない。少なくとも僕は毎日三食ちゃんと食べて、お風呂に入り、清潔な布団で眠るのがあたりまえの基準だと思っていた。わが子たちも溢れかえる食べ物に囲まれ、無尽蔵にあるかのようにエネルギーを浪費している。

だが、一日二日食べなくても、布団で眠らなくても人間は死にはしない。山登りはそんなことを教えてくれた。人間（というか生き物）はそんなにか弱くない。あたりまえの基準だと思いこんでいたラインは「かなり快適」に生きるラインであって、ただ生きるラインはもっと違うところに引かれている。山登りのおかげで生活のうえでのラインが上がったのか下がったのかはわからない。満足の度合いということではレベルの上下はなかったのかもしれない。山で原始的な生活を経験したところで、日ごろの衣食住が山レベルに下がったということはないからだ。そういう意味では、僕はどんなに頑張っても山にとってのゲストにほかならない。さらにもう一歩引いてみると、都市型生活をする人々は地球環境にとってどこまでもゲストである。自分がこの星のお客さんだと知るのは悲しいことだ。

そういう意味で、登山はまだ大きな役割をもっている。地球のサイクルから離れた現代文明人に、もう一度、身体感覚をとり戻させ、地球規模の視点を与える役割である。人が自分を地球の小さな生命体として意識したとき、社会を見る目が変わってくる。その視点こそ、バランスを失ったこの文明社会を元に戻す力になると僕は考えている。人間の地球に対するかかわりが問われるいまの時代、登山で体験できる自然感や、登山そのものがもつ環境に対して人を謙虚にさせる効果は、今後ますます重要になるのではないだろうか。

歴史的な役割は終わったかもしれない。だが、登山の思想的な役割はまだ始まったばかりである。もしかしたら登山ははじめからその役割のために存在したのではないかとさえ僕は思っている。

＊

この本を作るにあたって多くの方にお世話になった。ほとんどが仲間と言っていい人たちだが、最後にお名前を挙げて謝辞としたい。まず、序文を書いていただいた山野井泰史さん。「服部君の本がポッと出ても、変態の話と思われちゃうかもしれないからな」と、（しぶしぶ？）執筆していただきました。ありがとうございました。

丸山剛さん、ナベこと渡辺大樹、城野徹さん、瀬畑雄三さんには、釣り・山菜・キノコなどのサバイバル技術の全般を渓流溯行のついでに教えていただきました。黒部では登場順に、和田城志さん、梶山正さん、吉田和司さん、ウマこと井原（佐藤）竜哉、松田好弘につき合っていただきました。本には出てきていないが、鼻たれのころに一緒に山を歩いた、三重野有さん、荒井摂、熊谷和幸の名前も挙げておきたい。下手くそゆえに必死でありながらも、もっとも楽しかったあのころの登山がなければいまの僕はない。K2の遠征でも多くの仲間に世話になったが、とくに谷川太郎さんには頭が上がりません。そして、フリークライミングを丸々二シーズンともにした倉岡裕之さん。良くも悪くも影響を受けてしまいました。十一日におよぶサバイバルにつき合ってくれたにもかかわらずまだ名前が出ていない高村昌裕。根が女々しい僕にいつも喝を入れてくれた北村留美と、身ひとつでどこにでも行けることをおしえてくれた門倉俊雄の名もあげておく。そして、山行をともにしてくれた多くの登山者の方々。つねに扱いにくい服部に、大人の態度で接していただきありがとうございました。その他、山のなかですれ違った方々、食料を恵んでくれたり、くれなかったり、ありがとうございました。

使った写真は前出の丸山さんと梶山さん、二人の山岳カメラマンのものです。地図は奥村紀和夫さんに制作していただきました。ありがとうございます。

僕が山で遊んでいるときに穴埋めをしてくれていたり、「岳人」に誌面を割いてくれた東京新聞出版局、および「岳人」編集部の皆様にもお礼申し上げます。

本書は世に出るまで紆余曲折があったので、二人の編集者、神長幹雄さん、山口郁子さんには、かなりしっかり原稿を見ていただきました。そして最後を締めくくった、みすず書房の浜田優さんには深く強く感謝します。本づくりと日本語の作文技術の両方で信頼できる編集者に出会えたのは大きな幸運でした。その浜田さんに出会うきっかけとなったエッセイ集『森と水の恵み』（みすず書房）の執筆陣に加えてくれたフリーライターでもあり山仲間でもある高桑信一さんにも、お礼申し上げます。
最後に、山に渓にと遊び歩く僕を、快くとは言わないまでも最終的にはいつも送り出してくれる、妻と子供たち（服部小雪、祥《しょう》太郎、玄《げん》次郎、秋《しゅう》）にも感謝します。ありがとう。

二〇〇六年四月

服部文祥

＊本書に掲載した登山は紀行や登山報告としていくつかの媒体に発表された。それらが元にはなっているが、それぞれ原型をとどめないほどに書き換えられている。おもなものは以下のとおり。
知床の穴（「山と溪谷」一九九四年三月号、山と溪谷社）
サバイバル始動（「岳人」二〇〇〇年八月号、東京新聞出版局）
日高全山ソロサバイバル（「岳人」二〇〇四年十一月号・十二月号、東京新聞出版局）
二一世紀豪雪（「岳人」二〇〇一年四月号、東京新聞出版局）
三つの初登攀（『黒部別山――積雪期』黒部の衆、二〇〇五年三月）

著者略歴

（はっとり・ぶんしょう）


1969年横浜生まれ．1994年東京都立大学フランス文学科とワンダーフォーゲル部卒．93年3～4月知床半島全山単独行．劔岳・チンネ「中央チムニー」「左稜線」，谷川岳一ノ倉沢烏帽子奥壁の「南稜」「変形チムニー」，「滝沢第三スラブ(冬)」などのフリーソロ．96年にカラコルム・K2(8611m)登頂．97年黒部横断・大滝尾根冬期第二登．99年劔岳八ツ峰Ⅳ峰北面函ノ稜冬期初登．2001年正月黒部横断・北薬師岳東稜冬季初登．02年黒部横断・黒部別山中尾根主稜，八ツ峰Ⅱ峰北面滝ノ谷下部氷瀑，袖ノ稜を冬季初登．山スキーでは1998年4月南アルプス駒ケ岳黄蓮谷右俣初滑降．2005年北アルプス黒部別山東面初滑降（主峰ルンゼ）．

海外のクライミングではロシア・ウシュバやカナダ・アシニボインなど．スキーツアーではカナディアン・ロッキーやアルプス・オートルート，インド・ヒマラヤなど．

1999年から装備を切りつめ食糧を現地調達するサバイバル登山をはじめ，南アルプス・大井川～三峰川，八幡平・葛根田川～大深沢，白神山地，会津只見，下田川内，日高全山などを歩く．

登山以外では1992年にパリを起点にシルクロードを陸路旅行．海外自転車旅行として94年インド（デリー～コモリン岬），97年のベトナム（ハノイ～ホーチミン），98年マダガスカル周遊，南北アイルランドなどがある．

1996年から山岳雑誌「岳人」編集部に参加．旧姓，村田文祥．

著書に『増補 サバイバル！――人はズルなしで生きられるのか』（ちくま文庫），『狩猟サバイバル』（みすず書房），『百年前の山を旅する』（東京新聞出版局），『ツンドラ・サバイバル』（みすず書房），『息子と狩猟に』（新潮社），『サバイバル家族』（中央公論新社），『お金に頼らず生きたい君へ』（河出書房新社），『北海道犬旅サバイバル』（みすず書房）など．

服部文祥

サバイバル登山家

2006年 6 月19日　第 1 刷発行
2023年 12月 8 日　第19刷発行

発行所 株式会社 みすず書房
〒113-0033 東京都文京区本郷 2 丁目 20-7
電話 03-3814-0131(営業) 03-3815-9181(編集)
www.msz.co.jp

本文組版 プログレス
本文印刷所 理想社
扉・表紙・カバー印刷所 リヒトプランニング
製本所 松岳社

Printed in Japan
ISBN 4-622-07220-3
[サバイバルとざんか]